Who is Ino

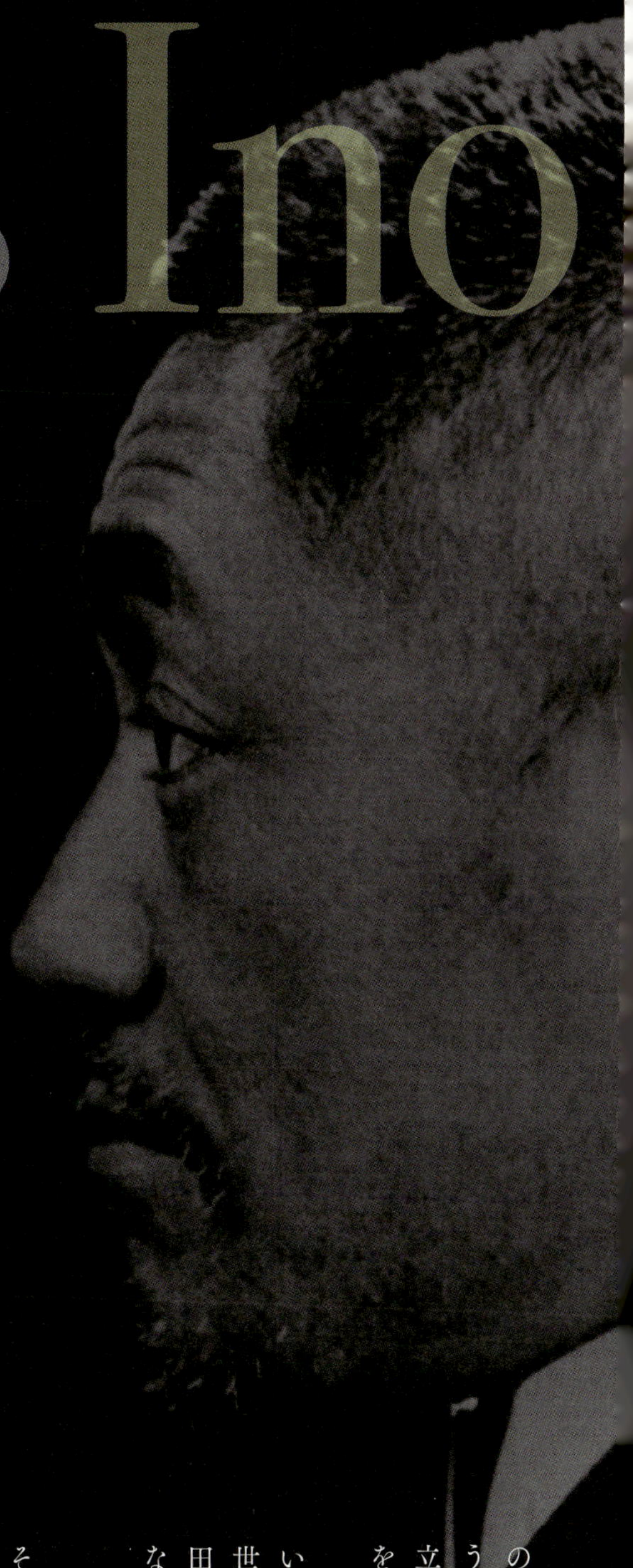

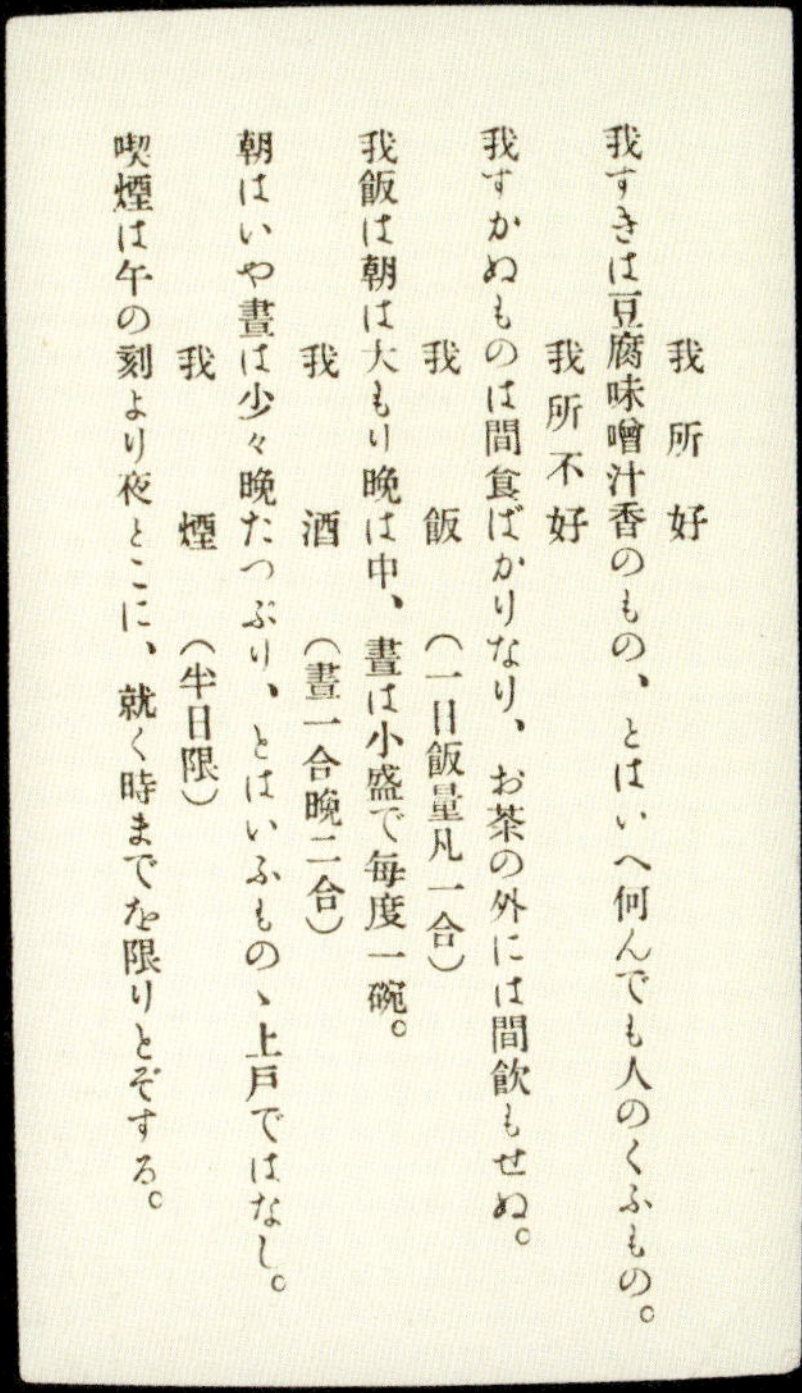
我所好
我すきは豆腐味噌汁香のもの、とはいへ何んでも人のくふもの。
我所不好
我すかぬものは間食ばかりなり、お茶の外には間飲もせぬ。
我飯（一日飯量凡一合）
我飯は朝は大もり晩は中、晝は小盛で毎度一碗。
我酒（晝一合晩二合）
朝はいや晝は少々晩たつぷり、とはいふもの丶上戸ではなし。
我煙（半日限）
喫煙は午の刻より夜とこに、就く時までを限りとぞする。

我所好
我すきは豆腐味噌汁香のもの、とはいへ何でも人のくふもの。
我所不好
我すかぬものは間食ばかりなり、お茶の外には間飲もせぬ。
我飯（一日飯量凡一合）
我飯は朝は大もり晩は中、昼は小盛で毎度一碗。
我酒（昼一合晩二合）
朝はいや昼は少々晩たつぷり、とはいふもの丶上戸ではなし。
我煙（半日限）
喫煙は午の刻より夜とこに、就く時までを限りとぞする。

のごきげんをうかがおうか。破れ窓にうすい布団でわが生活は十分であり、立ち居振るまいに、官位俸禄の温かさを知らないのである。

　哲学堂は成り、身はまだ年老いてはいない。賢人を友とし聖人を師として世俗を超越して隠居の生活を守る。和田山のもとに泉流をくみ、長く門番となって掃除を仕事としよう。」

（『井上円了選集』第十三巻より）

　また、裏面には五種の短歌が詠まれ、それぞれ好物、嫌いなもの、食事、酒と煙草といった生活習慣や嗜好品が題材になっている。

　一般的な名刺とはまるで異なるため、風変わりな文言で人の気を引いただけと思われるかもしれないが、どうもそれは違うようだ。

　井上円了記念博物館の北田建二氏によれば、このような名刺は大正二年（一九一三）ごろから使われたそうで、とくに裏面に関しては、一年中全国を巡って講演を続けていたため、行く先々で歓待を受ける機会が多かったであろう円了の、できれば贅を尽くした接待は遠慮したいという気持ちではないかと推測される。質素倹約に努める自らの姿勢をあらわしたものであろう。

　たった一枚の名刺ではあるが、円了の人柄が偲ばれる。


明治三十九年（一九〇六）に銅像制作のため撮影された横顔写真。

我すきは豆腐味噌汁香の

CONTENTS

哲学館大学長、京北中学校長当時の円了。

明治22年（1889）、欧米視察でベルリンにおける円了。（表紙写真も同。）

円了の家族写真。

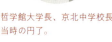

妖怪図巻

宮川春水画の妖怪絵巻で、江戸時代中期に成立したと考えられている。妖怪研究の一環で入手したものと思われる。『怪物図巻』と称する妖怪絵巻は数多く存在するが、円了が蔵したものはそれら絵巻物には見られない妖怪が多く描かれていて、貴重といえる。（東洋大学附属図書館蔵）

明治30年（1897）に完成した哲学館校舎（小石川原町）。

「哲学館将来ノ目的」―井上円了 略年譜

年号	西暦	年齢	事項
安政五	一八五八		二月四日（新暦三月十八日）、越後国長岡藩浦村（新潟県長岡市浦）、真宗大谷派慈光寺の長男として誕生。
慶応四・明治一	一八六八	一〇	石黒忠悳の漢学塾に学ぶ。
明治二	一八六九	一一	八月、木村鈍叟に漢学を学ぶ。
四	一八七一	一三	四月、東本願寺にて得度。
六	一八七三	一五	五月、高山楽群社に入り英語を学ぶ。
七	一八七四	一六	五月、新潟学校第一分校（旧長岡洋学校）に入学し、洋学を学ぶ。
一〇	一八七七	一九	九月、京都・東本願寺の教師教校英学科に入学。
一一	一八七八	二〇	四月、東本願寺留学生として上京。 九月、東京大学予備門に入学。
一四	一八八一	二三	九月、東京大学文学部哲学科に入学。
一七	一八八四	二六	一月、哲学会を創立。
一八	一八八五	二七	七月、東京大学文学部哲学科を卒業。
一九	一八八六	二八	春、熱海で病気療養中に、哲学館設立の構想をつくる。 十一月、元金沢藩医吉田淳一郎の娘・敬と結婚。
二〇	一八八七	二九	二月、『哲学会雑誌』を創刊。 九月、哲学館を麟祥院（現在の東京都文京区湯島）に創立。
二一	一八八八	三〇	一月、『哲学館講義録』を創刊し、通信教育を開始。 六月、第一回世界旅行（欧米）に出発。
二二	一八八九	三一	八月、郷里の父に、帰郷して住職となることを断る手紙を出す。 八月、「哲学館将来ノ目的」で、将来の大学設立を発表。 十一月、哲学館、新校舎（現在の文京区向丘）で移転式。
二三	一八九〇	三二	十一月、哲学館基金募集のため全国巡講を開始。
二六	一八九三	三五	十一月、『妖怪学講義』を発行。迷信打破のため、妖怪研究会を設立。
三〇	一八九七	三九	七月、哲学館、小石川原町（現在の白山校地）に移転。
三二	一八九九	四一	二月、京北尋常中学校を開校。
三五	一九〇二	四四	十一月、第二回世界旅行（インドおよび欧米）に出発。 十二月、文部省、哲学館の教員無試験検定の特典を剥奪（哲学館事件発生）。
三六	一九〇三	四五	二月、ロンドンより哲学館事件に関する指示を送る。
三七	一九〇四	四六	四月、哲学館大学の開校式。大学長に就任。哲学堂開堂式。
三八	一九〇五	四七	五月、京北幼稚園の開園式。
三九	一九〇六	四八	一月、哲学館大学長、京北中学校長を辞し、名誉学長・校長となる。 四月、修身教会運動（のちの国民道徳普及会）のため、生涯にわたる全国巡講を始める。 七月、財団法人「私立東洋大学」の設立が認可。
四〇	一九〇七	四九	五月、東洋大学は文部省より教員無試験検定の取り扱いを再認可される。
四二	一九〇九	五一	十一月、哲学堂の拡張に着手し、哲理門、六賢台、三学亭が建築される。
四四	一九一一	五三	四月、第三回世界旅行（オーストラリア、南アフリカ、欧州、南米、北米）に出発。
大正四	一九一五	五七	十月、絶対城の落成式。現在の哲学堂公園の景況がほぼできあがる。
八	一九一九	六一	五月、中国各地の巡講に出発。 六月五日、大連で講演中脳溢血を発症。 六月六日、午前二時四十分死去。 六月二十二日、東洋大学葬を挙行。

（三浦節夫著『新潟県人物小伝 井上円了』2014年5月発行、新潟日報事業社刊に収録の「井上円了関係年譜」より抜粋しました）

明治7年（1874）、新潟学校第一分校在学時代の円了。

母、いく

父、円悟

「人間らしく生きていくのにふさわしい、豊かな社会」へ

——人材育成の根本と、井上円了の教育理念

text 門賀美央子　photo 村田克己

井上円了により明治期に創立され現代まで続く東洋大学、東洋大学京北中学高等学校、そして京北幼稚園。それぞれの学校長が、井上円了の目指した教育と、その現代的実践について語った。

竹村牧男（東洋大学 学長）
石坂康倫（東洋大学京北中学高等学校 校長）
川合正（京北幼稚園 園長）

東洋大学（私立哲学館）
四十三代学長

竹村牧男（たけむら・まきお）

一九四八年生まれ。東京大学文学部印度哲学科卒業。博士（文学）。専門分野は仏教学・宗教哲学。一九七五年に文化庁専門職員となり、以降、三重大学助教授、筑波大学教授を経て、二〇〇二年から東洋大学教授。文学部長などを歴任し、二〇〇九年九月から現職。

人材育成の根本であり、今も変わらず教育者が目指すべきこと

——まずは井上円了の教育観と東洋大学全体の歴史的経緯について、円了研究の第一人者でもある竹村学長からお話しいただけますでしょうか。

竹村　本学の創立者である円了先生は明治維新の十年前に新潟県の長岡で寺の長子として生まれ、明治初期に青年期を過ごしました。つまり、日本にグローバル化の波が押し寄せてきた時代に生きた方です。そういう時代であったがゆえに、若い頃には仏教がうさんくさく感じられ、西洋哲学に傾倒していきます。東京大学で哲学を学び、ドイツの観念論、とりわけヘーゲル哲学に自分の求めていたものを見出します。その目で翻って仏教を見ると、東洋でははるか昔から同じようなことを言っていたと気づき、非常に喜んだのですね。それ以後は仏教と哲学が円了先生の思想や行動のバックボーンになりました。

その上で先生は、「哲学は諸学を統合する最も優れた学問であり、哲学に学べば最高の知性を開発することができる」と考え、哲学をベースにした教育活動の重要性に思い至ったのだと思います。当時、まだ発展途上国であった日本を豊かに、また強くするためには、民衆一人ひとりの知性を向上させるのが一番重要であると判断し、その実現に一生を懸けられました。

実践の人であった円了先生は、まず明治二十年（一八八七）に私立哲学館という小さな学校を始められました。同時に、そこでの講義録を印刷して配付し、質疑応答を行う館外員制度というものを設けました。今でいうところの通信教育です。哲学館には定員がありますし、より高い教育を望んでいても上京できない人だって少なからずいる。そうした人々のことを考え、通信制を発案されたのでしょう。その結果、非常に多くの民衆

日本の人文学の父と
呼んでもよいのではないかと思っています。
——竹村

明治22年（1889）、本郷区駒込蓬莱町（現在の文京区向丘）の哲学館校舎。

東洋大学京北中学高等学校
（京北尋常中学校）
十四代校長

石坂康倫
（いしざか・やすとも）

一九五一年生まれ。東京学芸大学教育学部卒業。一九七六年に数学科教員として公立高校に赴任し、以降、都立桜修館中等教育学校校長、都立日比谷高等学校校長などを経て、二〇一二年に京北中学校・高等学校校長に就任。二〇一五年四月の校名変更を経て現職。

に教育を届けることができるようになりました。

　海外に三度視察旅行に出かけられたのも、単なる物見遊山ではありません。先進国の教育の実態を真剣に視察し、良い部分はどんどん取り入れたのです。このように、教育者として大変先進的であったと同時に、研究者としても哲学、仏教学、宗教学、倫理学、心理学、教育学等々日本の人文学のあらゆる分野の草分けとなり、高度な業績を残されています。ですから、私は日本の人文学の父と呼んでもよいのではないかと思っています。

石坂　京北尋常中学校は哲学館創立から十二年後の明治三十二年（一八九九）に創立されました。『妖怪学講義』を明治天皇へ献上し、宮内省（当時）から御下賜金をいただいたことがきっかけです。円了先生は、奇想天外な方、そして好奇心の強い方だったという気がしています。新潟の長岡で生まれ、お寺の子として育っていく中で、いろんなことに対して疑問を持ち、知識欲を発揮されました。そのような方だったから、故郷にとどまるのではなく、世界をもっと知りたいと強く願われたのではないでしょうか。そして、「真理とは何か」という究極の疑問に行き当たり、最終的に「哲学」という学問を選ばれたのでしょう。

　そうしたことに思いを致すと、やはり円了先生は教育においても「考えること」を最重要視されていたのだと思います。考えを発展させて追究しない限りは、真理は見えてこないということを身をもって実感されていたのでしょう。同時に「これからの日本」を見据え、自分は日本のために何ができるだろうかと深く考えられた。その結果、国民一人ひとりが知性と教養を身につけ、考える力を養うべきであり、自分はそれを実現するために尽力するのだと思い定められたのだと思います。そこに私利私欲はありません。

　実際、哲学館を創立して、それはやがて東洋大学へと発展するわけですが、その過程においても長く学長の座にとどまりませんでした。それよりも、自らが広く世に出て、日本全国で五千回以上もの

円了先生の人生を知ってもらえれば、
どう生きるべきかを考えるきっかけに
なるのではないでしょうか。
——石坂

講演活動をすることにより、日本の近代を支える人々に寄り添って教育を行き渡らせようとしました。それはまさしく人材育成の根本であり、今も変わらず教育者が目指すべきことだと思うのです。しかし、こうした円了先生の実績は、同じく私立大学の創立者である大隈重信や福沢諭吉のように世間で知られていない。残念なことではあるのですが、その実態こそが円了先生の生き方そのものを表しているように思えてなりません。つまり、利他の精神を徹底されたからこそ、その業績は見えづらくなったのではないか、と。だからこそ、改めて今の人たちに円了先生の人生を知ってもらえれば、どう生きるべきかを考えるきっかけになるのではないでしょうか。

川合　そうですね。円了先生は教育者としてのみならず、人間として非常に偉大な先達だと思います。先ほど竹村学長がおっしゃった通り三度海外に行かれていますが、一度目は政治経済の実態のほか、東洋学が欧米ではどのように扱われているかを視察されました。そして、西洋では自国の学問をしっかりと教えた上で、東洋学を研究している実態をご覧になった。そこで、日本は東洋学を自国のこととしてしっかりとやらなくてはならないと考えられたのでしょう。

渡航はちょうど大学を創立した次の年でしたから、そこにはいろいろな思いがあったと思います。二度目の渡航は京北尋常中学校を創立したあとで、この時は教育を視察のメインに据えられました。明治三十五年（一九〇二）のことです。ちょうどこの年、哲学館事件[注1]が起こり、学校としては苦難を受けた時期でしたが、円了先生はイギリス各地の大学教育や社会教育に「言論の自由」「人格の尊重」「社会道徳」があることを目の当りにし、感銘を受けられました。また、ロンドン東部の貧民窟を訪ねられた際には、街路や塀に落書きひとつないことに強い印象を受けられます。後に、「鼻だせし子どもの道に見えざるは　国の開けし印なるらん」という短歌を詠んでいらっしゃいますが、貧しい子どもでも最低限の身だしなみを整えている現実に、これは国が教育をしっかりしているからだと感じられたわけですね。

そこで、幼児の時期からしっかりと徳育や宗教心を教えて、日本人として自信のある子どもたちを育てていきたいと考えた。明治期においてすでに幼児教育の重要性に気づかれたわけです。これがどれほど先進的な考えだったかは言うまでもありません。そうした流れがあって、明治三十八年（一九〇五）に創立されたのが、私が園長を務める京北幼稚園でして、円了先生のお考えを源とする伝統に則った教育を今でも行っています。円了先生は明治四十年（一九〇七）に幼稚園の園長職を辞された後も、幼稚園の近くに居を構えて行く末を見守られました。さらに、遺言状には葬式を東洋大学か、または京北幼稚園を借りて執行すべしとお書きになっています。どれほど京北幼稚園に期待されていたかが分かるエピソードです。

思想の錬磨＝考えるトレーニングをすること

――今、川合先生から円了の教育哲学を教育に生かしているというお話がありましたが、大学、中高、幼稚園とそれぞれ異なる発達段階にある子どもたちを教育するにあたり、円了の思いをどのように反映させているのか具体的に教えてください。まずは川合先生からお願いします。

川合　幼児教育の重要性は、一般に理解されていることと思います。世間的に魔の三歳児と言われる時期に始まって、小学校に行く直前である六歳までをどう育てるかは、その子の一生に関わる問題です。本園では、円了先生がおっしゃった「親子の対話」を重視し、その支援を一つの柱にしています。これは円了先生が家庭での教育を基本として、それを幼稚園で伸ばしていくのが重要としたことによっています。具体的な例をあげますと、本園では朝は保護者と一緒に歩いて登園することになっているのですが、その際には親子ともども先生方やお友達に挨拶するということを徹底しています。保護者の方にも積極的に園の教育に関与していただくわけです。

もう一つ、円了先生は基本的な道徳としつけを身につけることが大事とおっしゃいました。相手の立場を考えることができる、自分のことは自分でできる、子どもなりに丁寧な会話ができるようにする。そうしたことを一人ひとりに根付かせられるよう、一クラスに担任を二人つけるなどして、きめ細やかな保育ができる体制を整えています。

また、健康増進も円了先生の大切な方針ですので、毎月専門医による健診を行ったり、歯科医の講習があったり、親だけではやれないところもやる、家庭支援にまで焦点を当てた保育活動を行っています。

石坂　本校では中学と高校で新入生を受け入れますが、どちらの学校説明会でも「諸学の基礎は哲学にあり」が建学の精神にあることをお話しするようにしています。ただ、子どもたちの発達段階に合わせて、多少言葉を使い分け、順

京北中学高等学校、今昔。

注1　哲学館事件
井上円了は明治二十三年（一八九〇）から三度にわたり教員免許制度の私学への開放を求めた。明治三十二年（一八九九）にようやく哲学館など四校に中等教員の無試験検定が認可されたが、明治三十五年（一九〇二）十二月に哲学館は認可を取り消される。原因は「動機が善ならば弑逆（主君や父を殺すこと）も許される」という英国の哲学者ミュアヘッドの翻訳書の一節を学生の答案に見た文部省の視学官が、国体に反するとして問題にしたことだった。井上円了はロンドンで事件の発生を知り、日本の狭さを実感したと述べている。（東洋大学HP該当記事　https://www.toyo.ac.jp/about/Introducing/act/founder09/ を参考に作成）

明治期においてすでに
幼児教育の重要性に気づかれたわけです。

――川合

序立てて話すようにしています。たとえば、哲学とは何かという話をする場合は、「いかに生きるか」ということを考え、追究していく学問であると説明しています。その上で、本校の教育テーマである「より良く生きる」ために、何が真理かを見定め生きていかなくてはならない。だから哲学は基礎学問になるのだ、という風に説明します。円了先生は、それを「思想の錬磨」という言葉で表現され、竹村先生は「考えるトレーニングをすること」という表現で伝えてくださっています。

そして、今はまだ理解できないことを一つ一つ探究していくことで解決に導くには論理的な思考力が必須です。そういう思考力を高める営為を学問とするならば、やはり諸学の基礎は哲学にあり、ということになります。それを前提に、私は「本当の教養を身につけた国際人」を育成することも大切だと考えています。円了先生は明治時代にすでに看破されていましたが、二十一世紀になっていよいよ自国一国主義では成り立たない世の中となりました。少子化による人口減少はもはや避けられず、そうなると海外の人たちとの交流が不可欠です。たとえ一生日本から出なくても、国際人としての素養が必要になっていくわけです。英語が流暢に話せたら国際人かというと、それは違う。それぞれの国の歴史文化や生活環境によって、常識や考え方が異なるという当たり前のことを念頭に置いた上で、どのような相手に対しても尊重する心をもって話し合いをする習慣をつけないといけないわけです。

豊かな心、思いやりの心を持っていて初めて本当の教養人、国際人になり得るわけですから、それを目標にした教育をしております。これまで日本人が経験してこなかったような新しい課題が次々に生まれる中、それらを解決していく力を持っている人材を育てるのが教育者の使命です。円了先生はそれをご自身で実践し、また教育理念に据えられました。

あと一点、先ほど川合先生も強調しておられましたが、挨拶を始めとした礼の精神は人として不可欠なものです。本校では「正礼し正聴し尽瘁《じんすい》すれば不可無く良生なり」という言葉を心がけとして生徒たちに伝えています。これは「礼儀を正し、人の話を真摯に聴き、自分のことを顧みず、苦労を惜しまずに一生懸命に取り組む」というような意味ですが、そのような心構えでやれば不可能を可能に、今まで誰もできなかった発見、発明だってできるかもしれない。そうなることで人の役に立てたり、最終的には世界に貢献したりと「より良く生きる」ことへとつながります。ですから、今は教室をはじめ、図書室、職員室、事務室、校長室にもこの言葉を貼り、共有するべき心がけとして周知しています。

竹村　川合先生、石坂先生のお二方とも、円了先生の志に基づきながら大変素晴らしい教育をなさっていることに感銘を受けました。円了先生は、折に触れ教育理念に関して語っております。そういうところから本学の教育理念、あるいは円了先生の教育理念というものを取り出すことができるわけですね。石坂先生のお話にありましたが、本学は哲学を標榜しております。かつて「三田の理財、早稲田の政治、白山の哲学」と並び称されたというようなこともありまして、哲学を一番の根幹に据えた教育、研究活動をしているというのは間違いないところです。ただ、「哲学とは何か」ということになるとこれにはいろいろな解釈があります。

そうした中、円了先生は、「思想の錬磨」として有用だと言っております。要するに深く考えるということですね。なにもカントやヘーゲルを学ぶことだけが哲学ではありません。どんなことについても、常識や流行、先入観や偏見を超えて、その本質に迫って深く考えるという訓練をする。これこそが哲学教育だと私は思っております。

本学の文学部には哲学科がありますし、東洋思想文化学科ではインド哲学、仏教学、中国哲学を学びますけれども、そこだけが哲学教育なのではありません。論理的に考える営み、それが哲学です。すべての授業において教員と学生が一緒になって、真理はどこにあるのか深く考える。表面的、常識的には正しいと思われていることが本当に正しいのか、もっと違う真理が隠されているのではないかと疑い、その真理を論理的に究明していくことを第一義としているわけです。

主体的で独立自活の気概に富む人間性に学ぶべき

――哲学の精神が隅々にまで生きているということですね。

竹村　そうですね。本学の建学の精神を表す言葉として、現在では三つの言葉を挙げています。一つは先ほど石坂先生が紹介された「諸学の基礎は哲学にあり」。これは第二十二代学長の佐久間鼎《かなえ》先生による言葉ですが、円了の思想に根ざしている言葉です。これだけ急激に変化し、様々な価値観がぶつかり合う世界の中で、それぞれが深く考えながら、自分の人生観、世界観、自分の基軸を持って生き抜いていくということは非常

に重要なことだろうと思います。あとの二つは、「知徳兼全」と「独立自活」。「知徳兼全」は、知性と徳性を十全に兼ね備えた人間を育成していこうということです。それが幼児教育や中高教育の段階ですと、思いやりやたくましさ、あるいは純粋さという言葉になるのだと思います。「独立自活」は、哲学館事件の後に政府権力の保護に頼らないと決意された円了先生の気持ちを強く表した言葉ですが、同時に英国でイギリス人に感じた主体的で独立自活の気概に富む人間性に学ぶべきだという意味合いもあります。周囲に流されるのではなく、自ら社会の課題に取り組んでいく姿勢を養っていくことを目標にしているわけです。

これらの理念にもう一つ付け加えると、やはりグローバル教育です。先ほど石坂先生が説明されたように、これからは一人ひとりが高度な国際性を身につけていかなければいけません。ですから、グローバル人財の育成ということが、教育機関にとっては非常に大きな課題になります。しかし、実はこうした理念さえも円了先生は明治三十七年（一九〇四）頃にすでに提唱されていました。それが本学でどのように継承されてきたかは検証の余地もあるかもしれませんが、幸い二〇一四年に文部科学省のスーパーグローバル大学創成支援に採択され、東洋大学は現在、キャンパスの国際化とグローバル人財の育成に注力しています。

円了先生の教育理念は、時代を先取りしていた

——具体的にはどのような方策が取られているのでしょうか。

竹村　キャンパスの国際化にはいろいろな方法があります。たとえば、留学生をたくさん受け入れれば、図らずも日常的に異文化、多様性に触れる結果になり、それ自体がすでにグローバル人財育成の一環になるわけですよね。これか

京北幼稚園
十六代園長

川合 正

（かわい・ただし）

一九五〇年生まれ。東洋大学大学院文学研究科修士課程修了。一九七四年に京北学園に赴任。以降、上智大学カウンセリング研究所助手、千葉大学教育学部講師などを兼任し、二〇〇一年から二〇一二年まで京北中学校・京北高等学校・京北学園白山高等学校三校の校長を務める。二〇一五年四月から現職。

京北幼稚園、今昔。

らの社会では異なる文化、価値観を持った人と一緒に協力しながら物事を進めることができる能力が必要です。ですから、教育活動全般に多様性に関わる様々なカリキュラムや課題を組み込むようにもしています。これらはすべて円了先生の志を実現していると理解しています。なお、経済産業省が二〇〇六年に「社会人基礎力」という概念を提唱しましたが、その三本柱である「前に踏み出す力」「考え抜く力」「チームで働く力」はまさに本学の理念そのものであり、そういう意味で言いますと、円了先生の教育理念というのは、時代を先取りしていたのだと改めて思うと同時に、現代の課題に応える教育理念であり、永遠の真理でもあると確信しています。

自分や身近な人のみならず、世界の人々が一人でも多く幸せになる

——個人の完成と同時に、社会に役立つ人間となることを目指すべきだという円了の精神が全学を通じて強く生かされているわけですね。

竹村　それは円了先生が盛んに言われていることです。哲学には向上門と向下門という二つの門があると円了先生は言います。真理を求めていくのが向上門。何か得たと思ったら、それを社会に応用し人々のために役立てていくのが向下門。その二つが揃っていなければ単なる自己満足にすぎない。学問を修めれば、それをいかに社会の中で役立てていくかが重要なのだと盛んに強調されました。

川合　幼児教育においては、単に子どもたちに教えるだけではなく、親御さんたちに浸透させていくことも必要になってきます。園で何を教えても、家庭で実践しなかったら元の木阿弥です。ですから、当園では親御さん向けの研修会にも力を入れているのです。子どもは本当に素直ですから、すぐに親の真似をするんですね。親が人を非難したら、一緒になって自分も非難します。逆も真なりで、親御さんが正しく身を処しておられたら、子どもは自然と感化されるものです。国は小学校以上の教育を重視しがちですが、実はその前の段階は、保護者への教育も含めて非常に大事だと実感しています。

石坂　確かに、川合先生のおっしゃる通り、子どもの成長には、親子の関係が重要です。私は、親子が揃う場で話をする機会がある際には、必ず「お父さん、お母さん、子離れをしてください」とはっきり言うようにしています。子どもには「親離れをしましょう」と言う。最近は特に母子一体型の親子が増えてきていますが、子どもだっていろいろな世界を持っていて、親の知らないことがあって当たり前です。いかに親子であれ、どこかで離れていくのも大事なことです。それが自立するということであり、円了先生のおっしゃる「独立自活」の第一歩であると思います。

また、近頃の子どもは親が大好きで、親孝行をしたいと願う子が多いのです。それ自体は大変結構なのですが、親孝行とは何かと聞くと、お金持ちになることや、自分が社会的に偉くなることだと言うんですよ。でも、私が思う最大の親孝行は、子どもが幸せになることです。子どもが生まれてきて、生きてきてよかったなと思えるような、そういう生活を送れるようにサポートするのが親の役目でしょうし、本人の努力のしどころなのだと思います。そして、哲学というのは、そうした道を見出すための手段であると思います。自分や身近な人のみならず、世界の人々が一人でも多く幸せになる。それが究極の「より良く生きる」ことではないでしょうか。

講師派遣事業による恩返し

——結局のところ、大人社会がきちんとしていなければ、子どもは育たないということですね。そういう意味で、東洋大学が社会人に開かれているのは非常に重要なポイントに思われます。

竹村　確かに、東洋大学は社会人に開かれた大学だと言われております。

まず、第二部（イブニングコース）があるという点。近年、ほとんどの大学が、学生が集まらないので夜間部をたたんでしまいました。しかし、我々は、「余資なく優暇なき者」のための教育あるいは学習の機会を広く提供したいという円了先生の根本的な精神がありましたから、それに基づいてずっと堅持してきました。その存在は若い

人も含めて、あらゆる世代に十分に機能しているのではないかと思います。昼間、働きながら本学の大学教育を受ける中で、新たな気づきや社会人としての様々な自覚を持っていくということは大いにあり得ると思います。

また、学外の方に向けては公開講座なども開催していますが、本学の特徴として講師派遣事業を行っている点をあげることができます。二十〜三十人の聴講者を集めて会場だけ用意してもらった上で、こういうテーマで話してくれないかと本学に申し込んでいただいたら、謝金も交通費も本学負担で全国どこにでも講師を派遣します。これは円了先生が全国を周って何千回と講演し、その際に浄財をいただいて哲学館を運営したことに対する恩返しという意味合いの事業です。これもまた、社会人教育の活動の一環だと思っております。

大学は社会に貢献しなければいけない

――これまで円了の目指した教育と、現代的実践について伺ってきましたが、円了の理念や精神で今後も引き継いでいきたいことや発展させたいことについてそれぞれ教えてください。

川合　京北幼稚園で考えていることとしては、創立から百十五年、やはり地域に根ざして近隣から愛されている今の状態を継続したいと思っています。円了先生は幼稚園の近くにお住まいになって、本当に近隣を大事にされてきたので、その精神はやはりしっかりと守っていきたいですね。

次に、将来、子どもたちがグローバル社会の中で生きていけるよう、多様な国や人に触れる機会を作っています。毎週ネイティブの方をお招きし子どもたちと「英語で遊ぶ」時間を設けています。そして、自分で判断して行動する力を養えるよう、先生方には時間をかけて子どもたちの考えを引き出してもらっています。何か一つの行事をやるにしても、先生がこれをやると言うのではなく、子どもたちの考えを引き出すことで子どもたちの主体性が養われると考えています。将来、あらゆる地域や国、グローバルに通用する人間となる基本を幼稚園で養いたいと思っています。

石坂　私は京北中学高等学校を名門校にしたいと思っています。受験校や進学校ではなく、本校であるからこそ受けられる教育があると社会的に評価してもらえる学校。名門校というのはそういう意味であり、それこそが円了先生が理想とされた学校の発展形だと考えているからです。その上で、本校を卒業した生徒たちは人の役に立つ、世の中に貢献できる人となり、より良く生きてほしい。そのためには、やはり考える力を高め、判断力と決断力を兼ね備えた、実践家である必要があります。円了先生がそうだったように、行動することができる人材を育てられる学校にしたいと思っています。その手段として私は哲学を基盤とした教養主義を貫いていくつもりです。

現在の中高一貫校の多くは大学進学に焦点を当てるばかりに早期に理系文系と分けてしまい、受験テクニックばかりを詰め込む傾向が強くなっているように思います。しかし、私は全科目をバランス良く学ぶことが人間形成にとって必要だと考えています。グローバル化し複雑になる世界においては先ほども言った通り、相手を尊重して考えることができる理解力のレベルを上げていく必要があります。一国主義を超えて、国際人としての生き方ができる人間を輩出していく学校へと発展させていきたいと思っております。

竹村　先生方のお話を伺っていると実に頼もしい限りです。大学は二〇一二年に迎えた創立百二十五周年に今後の東洋大学が進むべき道として三つの基本方針を立てました。それが哲学教育、国際化、キャリア教育です。哲学教育は建学の理念に根ざしたもの。国際化は時代の要請に応えるもの。キャリア教育は有名企業に一人でも多く送り込むというような話ではなく、一人ひとりの自己実現をいかにサポートするかをめざすものです。この方針の策定から七年が経ち、それぞれの方針に対して実績をあげてきました。特に国際化の成果は顕著なものです。

今後も、基本はこの路線を維持していきますが、もう一つ、やはり大学は社会に貢献しなければいけないと思うのですね。大学として完結して閉じ込もっているようではいけない。石坂先生もおっしゃっていましたが、社会は激動しています。ITやAIが社会の隅々にまで広がる中で、Society 5.0[注2]や第四次産業革命[注3]といった新しい概念が続々と提唱されるようになりました。そういう時代を人間らしく生きていくにふさわしい豊かな社会を築いていくにはどうすればよいのか。大学はそのことに貢献できる人材を育成していかなければいけません。

　また、地球全体の課題として国連のSDGs[注4]が日本でもかなり浸透してきました。二〇一六年からの十五年間で達成すべき目標であるSDGsの前には、二〇〇一年から二〇一五年までの目標であったMDGs[注5]があって、世界はその実現に向けて努力してきたはずです。なのに、SDGsとMDGsの内容はさほど変わっていませんでした。つまり、十五年かけて一所懸命取り組んでほとんど何も変わらなかったわけです。しかし、未来のためには、何としてもSDGsの課題は解決していかなければなりません。それに貢献できるような人材育成や教育および研究成果によって、課題の解決を一歩でも二歩でも進められるような活動を全学的に展開していく、そういう方向性を考えたいと思っています。

　また、もう一つこの場を借りて言及しておきたいことがあります。東洋大学という名前の由来です。円了先生が創立した哲学館は明治三十七年（一九〇四）に哲学館大学となり、明治三十九年（一九〇六）に円了先生は学長を退任しました。その年に東洋大学という名前に改称されたのですが、なぜ「東洋大学」という名前になったかというと、先ほど川合先生が言われたように、円了先生が欧米諸国ではそれぞれが自国の伝統をしっかり守っている様子をご覧になったことが遠因になっているのです。伝統があるからこそ独立を守っている。だから、自国の伝統というものは尊重しなければいけない。同時に、円了先生は明治二十九年（一八九六）の正月の挨拶で、「西洋には大学の中に東洋学を専攻する学部があり、東洋学の拠点となる大学がある。けれども日本には全然そういうものがない。だからこの哲学館こそを東洋学、日本学の世界的な拠点にして、外国の人が日本のこと、東洋のことを学ぼうとする時の拠点にしたいのだ」ということを言われています。それが東洋大学の名前の由来であると、私は思うのです。

　ですから、今日の我々は先生の思いを実現しなければなりませんし、さらには東洋学以外のあらゆる分野でも「この大学で勉強したい」と世界から人が集まってくるような、魅力ある、あるいは水準の高い教育研究活動を展開していく、そういう大学にしたい。少しずつその歩みを進めておりますが、さらにそれを推し進めたいと思っております。

――この哲学館こそを東洋学、日本学の世界的な拠点にして、外国の人が日本のこと、東洋のことを学ぼうとする時の拠点にしたい――

注3　第四次産業革命
二〇一一年にドイツの産官共同プロジェクトが提唱した産業高度化の概念、インダストリー4.0から生まれた語。インターネットを通じてあらゆる機器が結びつく高度な産業化段階を第四次の産業革命と位置づけた。
（デジタル大辞泉の記述を元に作成）

注2　Society5.0
第五期科学技術基本計画において我が国が目指すべき未来社会の姿として初めて提唱された。サイバー空間（仮想空間）とフィジカル空間（現実空間）を高度に融合させたシステムにより、経済発展と社会的課題の解決を両立する人間中心の社会（Society）を指すとしている。
（内閣府の広報記事　https://www8.cao.go.jp/cstp/society5_0/index.html　を参考に作成）

注4　SDGs＝Sustainable Development Goals（持続可能な開発目標）
二〇〇一年に策定されたミレニアム開発目標（MDGs）の後継として、二〇一五年の国連サミットで採択された二〇一六年から二〇三〇年までの国際目標。持続可能な、つまり破綻しない社会の実現を主眼に置いた十七のゴール・百六十九のターゲットから構成され、あらゆる社会的問題を包括する内容になっている。
（外務省の広報記事　https://www.mofa.go.jp/mofaj/gaiko/oda/sdgs/about/index.html を参考に作成）

注5　MDGs＝Millennium Development Goals（ミレニアム開発目標）
二〇〇〇年に国連ミレニアム・サミットで採択された国連ミレニアム宣言を基にまとめられた開発分野における国際社会共通の長期目標。環境の持続可能性確保、極度の貧困と飢餓の撲滅、ジェンダー平等推進と女性の地位向上など二〇一五年までに達成すべき八つの目標を掲げていた。
（外務省の広報記事　https://www.mofa.go.jp/mofaj/gaiko/oda/doukou/mdgs.html を参考に作成）

井上円了ゆかりの地を旅する

現代に残る円了の軌跡

◎東京編◎

円了が没してから百年――令和の時代となった現代にも、円了が残した物、縁の地はそこかしこに存在する。住まい及び活動の拠点とした東京と、郷里となる新潟県長岡市（記事はP118から）で、円了の足跡をたどってみた。

仁王像代わりの天狗と幽霊の像があることから妖怪門の俗称を持つ哲理門。

text 村上健司
photo 村田克己（哲学堂公園）
米沢耕（麟祥院、蓮華寺）

哲学の世界を視覚的に表現

◎中野区立哲学堂公園
東京都中野区松が丘1－34－28
☎03－3951－2515

春は花見スポットとして人気を集め、休日ともなればテニスや野球を楽しむ人の歓声が聞こえるなど、近隣住民の憩いの場として親しまれている哲学堂公園。

妙正寺川に沿った起伏のある土地に立地する総合公園として、現在は東京都中野区が管理しているが、創設当初は単なる公園ではなく、井上円了が崇高なる目的を掲げて造った私的な文化施設だったのである。

もともと哲学館（現・東洋大学）の移転先として明治三十二年（一八九九）に購入した土地なのだが、円了の大学引退を機に移転は中止となったので、個人で買い取り大正八年（一九一九）まで哲学堂建設を続けた。円了の没後は子孫によって東京都へ寄贈され、その後、中野区に移管して現在にいたっている。

この文化施設を一言で表すならば、物や空間を使って哲学という学問を視覚的に表現した、哲学のテーマパークといったところだろうか。

敷地内にある建物をはじめ、ちょっとした小道や坂、広場には、認識路、経験坂、概念橋などとすべて哲学に基づく名前がついている。その数は現存しないものも含め七十七ヵ所。

例えば、髑髏庵と名付けられた建物がある。なんともおどろおどろしいネーミングで、妖怪博士とあだ名された円了の怪奇趣味によるものと思われがちだが、これはまったくの誤解だ。

髑髏庵は来客の休憩所で、円了によればこの建物に入ることで精神上の死、つまり俗塵に汚された心が消滅するという設定がなされており、死の喩えとして髑髏の名称を用いたのだという。その後生まれ変わった精神状態で、施設内を巡って思索にふける――というのが哲学堂（当初〝公園〟は付かなかった）の本来の利用方法なのだった。

こうした解説は大正四年（一九一五）発行の『哲学堂ひとり案内』なる円了自身が著したガイドブックに記されているのだが、説明がなければその意味をくみ取るのはなかなか難しい。「実は取材の話を受けてから、勉強をかねて個人的に来てみたんです。でも、ただ歩いてみただけではよく分からないですね（笑）」

微笑みながらそう語るのは、東洋大学のOGでもある落語家の金原亭乃ゝ香さん。在学中の二〇一六年に金原亭世之介師匠へ入門して、現在は前座修業中とのこと。

海外留学の経験を活かすため、英語コミュニケーション学科のある東洋大学を受験したそうだが、円了の名前はその際に知ったという。「人物像までは分かりませんでした

東洋における六人の賢人を祀る六賢台は、円了のコレクションの展示スペースでもあった。

無尽蔵は、国内外を旅した際に入手した記念物や資料などを陳列した場所で、現在は円了の年譜などを記したパネルが展示されている。ちなみに哲学堂公園内の建物は普段施錠されているが、毎月第一日曜日、春期公開（四月二十九日～五月五日）、秋期公開（十月一日～十月三十日の土日祝日のみ）には、鬼神窟を除いた建物を一般にも公開。

講義室として利用された宇宙館。内部の一室を皇国殿と称した。屋根上部の棟部分に烏帽子が載っているのは、館内に安置された聖徳太子像にちなんだものなのだとか。

円了が買い求めた数万冊におよぶ書物が収蔵されていた図書館、絶対城。二階はこぢんまりとした閲覧コーナーとなっていた。絶対城の正面奥の壁面には四聖堂に祀る4人の哲学者の肖像が掲げられる。

釈迦、孔子、ソクラテス、カント――四大哲学者を祀った四聖堂。内部の天井から吊り下がっているのは、人の心を象徴したガラスでできた球体のランプだ。

けど、入学したころ〝諸学の基礎は哲学にあり〟という円了先生の言葉を聞いて、哲学とは知りたいという気持ちが大事なんだと知ったんです。私も何かを知ることや勉強が好きなので、この大学は自分に合っていると思うようになりましたね」

そんな東洋大学にゆかりのある乃ゝ香さんとともに、師匠の金原亭世之介さんにも登場いただいて、ここで円了が造った哲学のテーマパークを一緒に散策してみることにする。

まず二人が向かったのは哲理門。哲学堂の中心的施設となる四聖堂の正門にあたり、仁王像の代わりに置かれた天狗像と幽霊像があることから、俗に妖怪門ともよばれる。

『哲学堂ひとり案内』によれば、天狗像と幽霊像は敷地内にある天狗松と幽霊梅にちなんだもので、門の傍らに「物質精気凝為天狗　心性妙用発為幽霊（物質の純粋なエキスが凝り固まって天狗となったのであり、心の本質の不思議なはたらきが人体を飛び出して幽霊となる）」（三浦節夫「現代版　井上円了『哲学堂案内』」より）という漢詩が掲げられているように、物質界と精神界の不可解を象徴する像として設置したのだという。

門の内部にある天狗と幽霊像を食い入るように見つめていたお二方だが、実は現在の哲理門にある像はレプリカで、本物は中野区立歴史民俗資料館に保管されていることを知ると、少しガッカリした様子だった。

続けて足を向けたのは四聖堂。寺でいうところの本堂にあたり、四聖――孔子、釈迦、ソクラテス、カントを哲学の本尊として奉崇の対象としている。東洋と西洋における四大哲学者として円了が選んだもので、それぞれが本尊にあたることから、堂の中央部分の天井にその名を記した扁額を四方に向けて掲げ、建物自体も四面すべてが正面となるような設計がされている。

喩えとして〝本尊〟と表現しているが、これは宗教的な偶像ではなく、哲学的理想なのだと円了は説く。

「明治時代にも、こんなハートマークが使われていたんですか。面白いな」

とは、世之介師匠。四聖堂の中央部分には天井から丸いガラスのランプが下げられていて、ハートのマークがデザインされている。その下には四角い香炉が置かれているのだが、このガラスの玉と香炉にはちゃんと意味がある。

『哲学堂ひとり案内』によれば、哲学の起点と基礎となるのは心と物であり、人の心――精神は円形、赤色、透明で、光があるはずだとして、ガラスの玉は人間の精神を表しているという。

つまりハートマークは、心をイメージしたデザインだったわけで、一方の香炉は、黒色、不透明で、しかも心を汚すものとして物質を表現している。

透明なガラスを香炉の煙で曇らせることで、清浄無垢な人の精神が物質による欲で汚される様子を視覚化し、汚れたガラスも磨けば再び透明になるように、人の汚れた精神も修養の修行をすれば清浄性が保たれるのだと円了はいう。

哲学堂ではこのような見立てによる工夫がいたるところに溢れており、そのアイデアの奥深さに感心せずにはいられないが、こうした施設によって利用者の考える力を鍛錬し、精神修養になることを円了は期待したのだろう。

そもそも哲学堂は哲学館を引退してから力を入れていた修身教会運動の拠点であり、一般に広く開放された精神修養の修行場だったのである。

その後のお二方は、東洋の六賢人を祀る六賢台、図書館として使われた絶対城、内外の旅行で集めた記念物を陳列していた無尽蔵など、建物をメインにして見て回った。

「大学時代から哲学堂のことは知っていたんですけど、修行の場なんですね。こういう公園があることは新鮮に感じられます。それぞれの場所に意味があることにも驚きました」

修行といえば、乃ゝ香さんも前座修業の身。どのようなきっかけで落語の世界に飛び込んだのだろうか。

「大学時代に俳優養成所に通っていたんですけれども、そこに師匠が講師としていらっしゃったんです。そこではじめて生の落語を聞きまして、衝撃を受けたんですね。海外にいたころから日本の文化に興味があって、ちょうど自分でも何かやってみたいと思っていたんです」

思い立ったらすぐに実行するタイプだそうで、はじめて落語を聞いたその数ヵ月後には世之介師匠の門を叩いていたという。仲のいい友人には落語の道に飛び込んだ話をしたものの、未だに乃ゝ香さんが何をしているのか、あまり理解されていないとのことだった。

そんな弟子の姿を見て、前座時代に覚える落語の一例として狸の噺があると世之介師匠は語る。

「狸がお札に化ける『狸札』、それからサイコロに化ける『狸賽』、鯉に化ける『狸鯉』なんていろいろとあるんです。ちょうど乃ゝ香も稽古をしているところで、まずは『狸札』の噺から覚えるのが一般的なんですね。落語を勉強するのには段階があるんですよ。はじめから幽霊や人情話をやっても、演出がともなわないので素人みたいな語りになるし、噺が壊れてしまう。ですので、言葉を覚える、押し引きを覚えるという基本的な部分を、勉強しやすい噺から覚えていくんです。

私どもは古今亭一門で、大師匠の古今亭志ん生は『竃幽霊《へっついゆうれい》』を得意としていたんですが、幽霊の噺には細やかな演出というものがありまして、前座がやるようなものではないんですね」

まあ乃ゝ香も古今亭一門ですから、行く行くはやるようになると思いますけれども」

〝妖怪門〟で天狗や幽霊像を見た影響からか、あるいは円了が妖怪博士とよばれていたことをご存知だったのか、世之介師匠は妖怪や幽霊の噺を例にあげて落語界での修業の様子を教えてくれた。

ともあれ、大学入学時に聞いた〝諸学の基礎は哲学にあり〟という円了の言葉が印象に残ったという乃ゝ香さんのことだから、修業時代も知的好奇心を活かして過ごすことだろう。乃ゝ香さんが語る怪談噺が聞けるのも、そう遠くはないかもしれない。

三角形の東屋のような三学亭は、日本における神道、儒教、仏教の大家として、平田篤胤、林羅山、釈凝然の三人を祀る施設。

唯物園の片隅にある狸を象った石灯籠、狸灯。人間は狸と同じように人を騙すことがあるが、それでも時々は光り輝く霊性がある——ということから、腹部に火を灯すようなデザインになっている。

幽霊梅。駒込の円了元自宅庭にあったものを移植したのが始まり。この木の下に幽霊が出ると騒がれた。

髑髏庵は、かつての受付、休憩所。世間の俗塵にまみれた心をここで消滅させる「俗心の死」を意味する。復活廊を通じて鬼神窟という建物と結ばれている。

哲学堂は円了が各地で揮毫したときの謝礼金をもとに造られた。筆塚はその感謝の気持ちをこめて建てられたもの。

哲学の元祖となる黄帝、足目仙人（アクシャパーダ）、タレスを祀った三祖苑は、それぞれの似顔絵を刻んだ三祖碑や、漢数字の三の字を模した腰掛け壇からなる小さな庭園になっている。

唯心庭の心字池には、狸灯に対応する鬼灯が立つ。人の心に悪念妄情があるのは心に鬼がいるためだが、心の内には良心の光明があるという円了。この像は心の鬼が良心つまり灯籠に押さえつけられて苦しんでいる様子をデザインしたのだという。

心字池には理性島という小さな島がある。理性（島）に達するには概念（橋）が存在する——ということから、そこに架かった橋を概念橋という。ちなみに、唯物園・唯心庭とは、哲学は心を本拠とするか物を根基とするか必ずこの二つの道の一つをたどる——との考えから、庭内の東西両端に唯心と唯物の庭園を設置したのだという。

寺の書院からはじまった哲学館

◉臨済宗妙心寺派　天澤山　麟祥院
東京都文京区湯島4-1-8
☎03-3811-7648

井上円了が哲学を学んだ東京大学のすぐ近く、文京区湯島にある臨済宗の麟祥院は、春日局の隠居所あるいは菩提寺として知られる寺だ。そしてここは円了ゆかりの寺でもある。というのも、麟祥院こそ円了が創設した哲学館、後の東洋大学の発祥の地になるのだ。

寺の歴史をたどってみると、創建は寛永元年（一六二四）で、当初は報恩山天澤寺と称し、春日局没後にその法号から天澤山麟祥院へ改称したという。その後、江戸の臨済宗妙心寺派の触頭寺院、つまり幕府と本山、他寺院との連絡役を担う寺として、本山とは別に高い格式を有する寺として栄えた。また修行道場として多い時期は五百人の修行僧がいたというから、相当な規模の大寺院だったことが窺える。

しかし、幕末から明治時代には廃仏毀釈によって大きな打撃を受け、さらに昭和二十年（一九四五）の東京大空襲では、蔵を残してすべてが灰となってしまったのである。

「もともとお局さんが隠居していた場所ですし、その後も修行道場でしたので、あまり一般の人は入れない状態だったんです。ですが、幕末・明治の廃仏毀釈でガラッと変わって、そのときにいろいろな学校や団体の発祥の地になったんです。東洋大学さんをはじめ、京華学園さん、湯島小学校さん、それから社会福祉法人福田会さんも、戦災孤児の孤児院としてこの寺からはじまっているんです」

そう話をしてくれたのは、現住職の矢野宗欽さん。

矢野さんによれば、幕末から明治時代の住職・天澤文雅は柔軟な考えの持ち主で、仏教弾圧で使わなくなった何棟もの書院を開放し、草創期の学校の校舎、あるいは団体の本部として貸し出したのだという。山岡鉄舟や渋沢栄一といった当時の政界・財界とも親交があり、そうしたことも慈善活動をはじめるきっかけの一つになったようである。

このようにして哲学館は麟祥院の書院を校舎としてスタートしたのだが、残念ながら往時を偲ばせるものは何も残っていない。昭和六十二年（一九八七）に東洋大学創立百周年記念として建てられた「東洋大学発祥之地」と刻んだ石碑が、山門を入って左手突き当たりにある。

戦後になってから再建された麟祥院の本堂。空襲ですべてを焼失したため、哲学館の教室として使われた書院の場所はよく分かっていない。

当時の麟祥院の教場（27畳半で、受付・応接室・教員控室・台所・縁側などあわせてわずかに24坪。寺子屋式の教育から始めた）。

麟祥院は円了の書を4本所持している。これらはすべて戦後になってからの所蔵である。

東洋大学発祥の地を示す石碑。東洋大学の前身である哲学館は麟祥院の書院を教室としてスタートした。

訪れた人を出迎えてくれる柴犬「ちよ」。麟祥院のマスコット犬だ。

円了自らがデザインした墓石

◉日蓮宗　星光山　蓮華寺
東京都中野区江古田1-6-4
☎03-5982-0011

現在井上円了は、哲学堂公園の目の前に建つ蓮華寺で眠っている。墓所は本堂へと向かう参道の途中にあるのだが、その場所は一目瞭然。井桁の上に円形を置いたデザインの墓石がすぐに目に入るからだ。〝井〟の上に〝円〟があるその意味は、説明するまでもないだろう。これは生前の円了自らデザインしたもので、亡くなる九年前には蓮華寺の住職と墓地の約定をしていたという。

哲学堂公園を訪れた際には、是非とも立ち寄ってお参りして欲しい。

井桁の上に円形を置いたユーモアあふれるデザインの墓石は、円了自ら考案したもの。

中野区立 哲学堂公園全図

金原亭世之介

（きんげんてい・よのすけ）

1957年生まれ、東京都出身。落語家。株式会社キングプロダクション所属。1976年に十代目金原亭馬生に入門。4年後には二つ目に昇進し、1985年にはNHK新人落語コンクールで優秀賞受賞。1992年、真打ち昇進の際に世之介と改名する。二つ目時代からテレビのバラエティ番組などに出演し、シンガーソングライターとしてアルバムを発表するなど幅広く活躍している。

金原亭乃ゝ香

（きんげんてい・ののか）

1994年生まれ、神奈川県出身。落語家。株式会社キングプロダクション所属。東洋大学在学中に聞いた師匠の落語をきっかけにして、2016年に金原亭世之介へ入門。翌年には前座に昇進し、現在修業中。2014年の東洋大学ミスコンでは審査員特別賞受賞。俳優養成所に通った経験を活かして、テレビCMや舞台などにも出演中。

「『考え方の模範』として人々に示したのが妖怪学」

三浦節夫

東洋大学ライフデザイン学部 教授／井上円了研究センター 研究員

「妖怪学」の意味と意義

——井上円了と妖怪

text 門賀美央子　photo 水野昭子

心血を注いだ「妖怪学」

三浦　今年（二〇一九年）の四月、広島県三次市に湯本先生のコレクションを収蔵した湯本豪一記念日本妖怪博物館（三次もののけミュージアム）がオープンしたということで、私も一度訪れてみたいと思っているところなのですが、展示資料の中でも特に拝見したいのが井上円了先生の書なんですよ。

湯本　「妖怪の正躰見れば我こゝろ」と書かれた書軸ですね。

三浦　井上円了先生は哲学堂を創建するための資金稼ぎの一環としてよく揮毫されていましたから、書自体は数多く残っています。しかし、大半は風景を詠んだ漢詩や倫理的な道を示すような言葉で、妖怪に触れているものとなると僕らもあまり見たことがない。よくぞこんな書が、と感動しました。

湯本　そうでしたか。

三浦　妖怪に関するあらゆる品々を集めてこられた湯本先生ならではのコレクションでしょうね。資料収集の過程をお書きになったご著書『妖怪あつめ』を拝読して、円了先生が資料を集められた時も同じような状態だったのだろうなと思いました。当時は、今のように古本屋から目録が送られてくるわけでもなく、集めたければ自分で情報収集するしかなかったはずですが、円了先生の場合は「円了さんのところに持っていけば買ってくれるだろう」というので、いろんな人が勝手に持ってきたそうです。

湯本　私の場合もやはりそうでした。長年やっていると、自然と物も情報も集まってくるようになり

湯本豪一

妖怪研究家／民俗学者

「（円了の活動で）民衆の間にも合理的に判断しようとする気運が生まれていった」

ます。同時に、井上円了先生は怪異に関する新聞記事や噂話を積極的に集める作業もされていましたね。今日では比較的広く行われていますが、百年も前に時代を反映する巷間の妖怪情報収集に着手されていたのは、やはり慧眼だと思います。

三浦　円了先生は集めた新聞記事を『妖怪百談』や『続妖怪百談』などの著作に使いましたが、湯本先生の『明治期怪異妖怪記事資料集成』から始まる三部作は大変な労作です。新聞記事から必要なものだけ探す作業というのはそれでなくとも大仕事です。労多くして、見つかるようで見つからない。

湯本　そうですね（笑）。

三浦　それを明治期から昭和戦前期までの数十年分なさったわけですからね。どれぐらいの時間がかかりましたか？

湯本　一人でやっていましたので、二十年ぐらいかかりました。

三浦　そうでしょうねえ。私も多少資料集めの経験がありますけど、そんなに見つかるものじゃないですから。

湯本　しかしながら、井上円了先生や、円了先生とある意味対峙した存在である柳田国男も同じことをしているんですね。大先達たちがそういうことをやってきていたという事実は非常に刺激になりました。

三浦　今日は、円了先生が妖怪研究をする際に使っていた資料を持ってきたんですよ。これは、円了先生が『妖怪学講義』を書いた際に使ったノートで、自分が読んだものをメモしていらっしゃるのですが、ほら、ここに「毎回五冊限り」と書いてあるんです。これについてどう思われますか？

湯本　列記されているタイトルを見ると、読みだしたらちょっと止まらなくなるような本ばかりですね。

三浦　やはりそうですか。おそらく、これは円了先生が自分に課した決まりだと思うのです。「毎回五冊読んだらそこで一旦やめるように」と。幼い頃から怪談を聞くのが大好きだったので、読み始めると止まらなくなったのでしょうね。だから、歯止めをかけよう、と（笑）。円了先生にとって、妖怪の研究はやはり楽しみだったのでしょう。同時に、西洋の学問を学んだ人でもあるので、民衆が抱く恐怖心を近代の知識を通して考え直さないといけないのではないかという問題意識を持っていた。さらに、哲学の通俗化、実行化を終生のテーマとしていた方ですから、妖怪を通じて人々を啓蒙したかったのだと思います。実際、円了先生の妖怪に関する講演はどこでも大人気だったそうですから。

湯本　私が明治時代の新聞を見ていく中でも、たびたび円了先生の講演に関する記事を見かけました。そして、先生の活動が有名になっていくにつれ、「こんな不思議

「大きな事象に隠れて表に出てこなくなった情報が、水面下ではどう動いているか」

湯本豪一（ゆもと・こういち）
一九五〇年、東京都出身。妖怪研究家、民俗学者。著書に『怪異妖怪記事資料集成』三部作、『日本の幻獣図譜 大江戸不思議生物出現録』『かわいい妖怪画』など多数。

なことがあるけれども、これは井上円了先生に鑑定してもらった方がいいのではないか」というフレーズが決まり文句のように出てくるようになる。それまでは単なる不思議なもの、わけの分からないもので終わっていたのが、円了先生の活動が進むうちに、民衆の間にもじわじわと合理的に判断しようとする気運が生まれていったようです。先生はまさにそれを狙っていたのでしょう。

三浦 そうですね。明治になったからといって一気に世の中が変わったわけではなく、まだまだ旧来の迷信がはびこっていました。そうした風潮の中で、もう少しちゃんとしたものの見方、考え方を伝えないと駄目だと考え、その「考え方の模範」として人々に示したのが妖怪学だったと思います。だから、先生にとっての妖怪学はまさに志の本筋だったわけです。ところが、没後に刊行された先生の追悼集を見ると、妖怪に触れているのは一人だけなんですよ。他は誰も書いていないんです。円了先生にとって妖怪は本筋だと、当時の学界の人は考えなかったのでしょうね。あれだけ評価を受けたのに。

湯本 えらい先生が何かおかしなことを研究しているというようなイメージがあったのかもしれません。

三浦 （笑）。しかし、井上円了先生が明確な目的意識を持って妖怪学を打ち立てられたのは言うまでもないところです。

湯本 そうですね。資料収集に関しても、先生は明確な目的意識を持っていらっしゃいました。これは、分野限らず世の個人コレクター全般に言える話なのですが、「コレクションは私有物」と思っている方が結構いらっしゃるんですね。ですが、私は「それは違う」と言いたい。どのようなものであれ、今は偶然自分の手元にあるけれども、ここに来るまでにはいろんな人たちの間を巡り巡って、現時点ではたまたま自分のところにあるだけに過ぎない。だから、コレクションをちゃんとした形で後世に受け継いでいく義務は公共であろうと個人であろうと変わりありません。集めた資料は、後世の人たちにきちんと受け渡していかなくてはならないのです。私が妖怪博物館の開設を志したのは、まさにそういう理由でした。

三浦 円了先生も哲学堂に「絶対城」という図書館を造りました。学生時代から集めた何万冊という本を私蔵するのではなく、皆のものにしたかったのですね。そうした本の中には、岩波書店の『国書総目録』に載っていないものさえあるわけです。それほど貴重なものだってあるのに、個人が抱え込んでしまうと、自分の代はともかく、子どもの代にはどうなるかわからない。それがわかっていたから、円了先生は個人のコレクションにはしなかった。湯本先生は円了先生と志を同じくされているのでしょう。

円了妖怪学の先進性

湯本 新聞の話に戻りますが、戦争中になるとどうしても戦争が前面に出て、妖怪関係の記事は少なくなります。しかし、それは不思議な話が世間から消えてしまったわけではなく、伏流になって表面上は見えなくなっただけです。井上円了先生はその点をしっかりと理解して、日露戦争の時期にも不思議な話を収集されていますね。これはすごいことだと私は思っています。なぜなら、戦争や災害などの大きな事象に隠れて表に出てこなくなった情報が、水面下ではどう動いているかを押さえておくのは大変重要なことですから。

三浦 やっぱり目の付け所が違うんでしょう。先ほど述べた通り、円了先生ご存命の頃の哲学界には妖怪学を軽んじる傾向がありましたが、今でもそれはあまり変わっていない面があります。いわゆる

「理性には限界がある、だから我々には触れられないもの、知らないものがたくさんある」

三浦節夫（みうら・せつお）
一九五二年、宮城県出身。東洋大学ライフデザイン学部教授、井上円了研究センター研究員。博士（文学）。著書に『井上円了―日本近代の先駆者の生涯と思想』『井上円了と柳田国男の妖怪学』など。

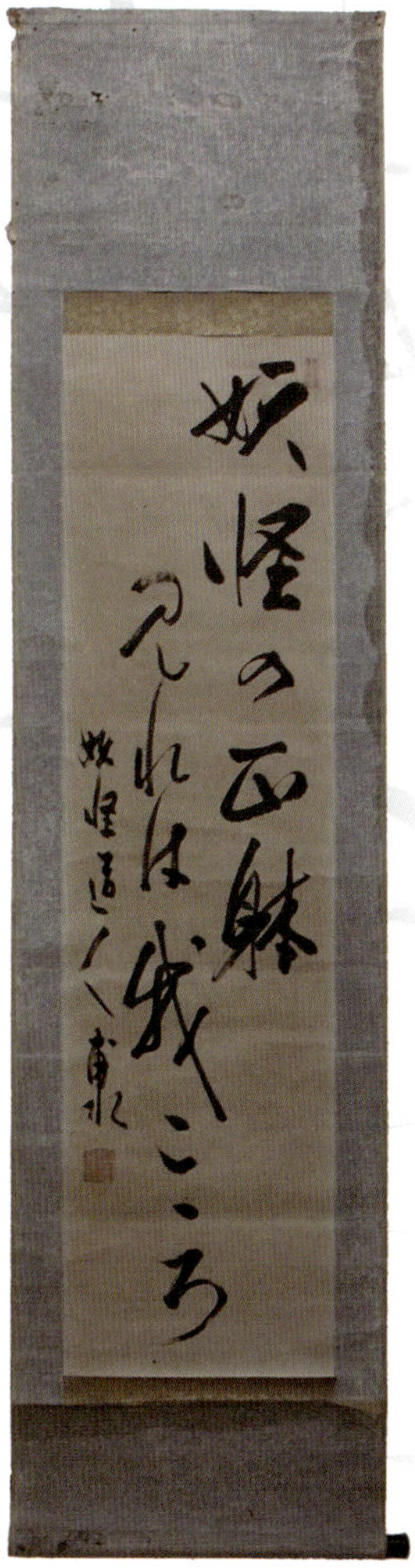

井上円了書軸
「妖怪の正躰見れば我こころ」
湯本豪一記念日本妖怪博物館（三次もののけミュージアム）蔵。

講壇哲学の人たちの頭は少々固すぎる。それに比べると円了先生の柔軟さは際立っています。時代の転換期、西洋と東洋の文化がミックスしていく時期に生きた方ですから、あらゆることに光を当てていこうという気持ちがあったのだろうと思います。

湯本　井上円了先生は和漢洋を跨《また》いださまざまな知識を持っておられました。つまり、しっかりとした学問的土台と大きな視点があって、その上で「不思議」に迫っていかれたのです。時代を下るにつれ、専門性という名の下、学問をするにはあまりあちこちに手を出してはいけない、というような風潮が出てきましたが、必ずしもそうとは言えない。明治時代の教養人は広範な知識を持っていたからこそ、近代化を推し進められたのだと思います。

三浦　そうですね。もう一つ、円了先生自身は、理性万能、何でも知性で解決できると考えた人ではないということは指摘しておきたいと思います。先生は「理外の理」を認めておられました。理性には限界がある、だから我々には触れられないもの、知らないものがたくさんあるという考えで、現代のような宇宙論がなかった時代において、すでに地球や宇宙が壊れることだってなくはないと言っているぐらいです。人類は進化するばかりではなく、退化することもあるんだ、だから何が起こるか分からないとも言っています。頭の中には常に大きな自然観、歴史観があったのでしょう。だから、不思議研究は大事だったんです。そのあたりは、今の人の方がむしろ安易に考えているのではないでしょうか。

湯本　そうかもしれません。

三浦　しかし、何事も深く考えていかないと自分自身を失う結果になってしまいます。円了先生は、卒業生に「自分の運命は自分で切り拓け」と檄《げき》を飛ばされました。これからは自由で活動的な社会がやってくる。そういう時代には自分がしっかりしていないと駄目なんだよ、と。そして、しっかり生きていくためには知や哲学も大事だけど、それを絶対視しないで、不思議なものは不思議だと思える感性も大事なんだということを言っているんです。それを現代人は忘れて、人間はなんでも理解できると思い込んでいます。そんな世の中においては、妖怪のような不思議なものへの驚きは、哲学同様に「知りたい」と思う気持ちを掻き立て、自分で考える力を養う緒《いとぐち》になるはずです。受験勉強だけをしている間に忘れてしまう柔軟な知的好奇心、つまり子どもの頃に自分の感覚を頼りに「これはおもしろい」と世界を捉えていった精神ですね。それを、円了先生の「妖怪学」に学んでほしいと思っています。

「AI時代を生き抜くヒントがいっぱいある」

吉田善一

東洋大学理工学部 教授／井上円了研究センター センター長

〝活動〟する哲学者
――哲学者としての井上円了

text 村上健司 photo 金 栄珠

円了の業績を見つめ直す意味

――まず、お二方の井上円了との出会いをお聞かせください。

吉田 私は東洋大学に来る以前は山梨大学、その前は松下電器（現パナソニック）にいました。東洋大学に入って井上円了の話は聞いていたんですが、当時はあまりピンと来なかったのが本音です。

十二年前に東洋大の工学部長（現理工学部）になりまして、工学部長室に置いてあった円了の全集をパラパラと読んでいたんですが、その中の『仏教理科講義』という本が松下電器の松下幸之助さんの話と共通する内容だったんです。

例えば、円了のいう仏教理科は「一度、物理法則を全く排除して宇宙を心的法則のみで考察し、その後、物的法則を当てはめていく」というものですが、幸之助さんも「心的法則は、物的法則のようにこれだとはいえないが、宇宙にはあると、そう考えよう」といっているんですね。そんなことから興味が湧いて本格的に全集を読みはじめたのが出会いになりますね。

鈴木 私の場合、井上円了が東洋大学創立者であり、大きな役割を果たしたことは知っていましたが、円了について考え、著作を読みはじめるようになったのはごく最近なんです。といいますのも、この東京大学の哲学研究室で、ある研究プロジェクトを立ち上げたのです。東大哲学研究室には哲学会という学会がありまして、一八八四年の創立から百十五年続いているんです。その哲学会の歴史や沿革をたどりながら、日本の近代哲学

鈴木泉

東京大学大学院人文社会系研究科　教授／
哲学会　理事長

「オカルトを排するためにこそ彼は議論をしていた」

の再検討をはじめているのですが、哲学会の創設者の一人が円了ですし、日本哲学創成期の代表的な人物として少しずつ勉強をしている――これが出会いということになりますかね。

――吉田先生も円了の仕事を掘り起こし、見つめ直しをされていますよね。どういった経緯からその必要性を感じられたのですか。

吉田　ちょうど円了没後百周年ということで、井上円了研究センターでも円了の果たした役割を追究していこうと取り組んでいるんです。そこで私がとくに興味を持ったのが、明治時代の中期ごろからどんどん日本が活気づいて、文明も進歩していくけれども、人間の心の問題も含めて、文化的なところがまだじゃないかと気づいた円了が、迷信を打破するという考えになってきた部分です。

現代は人工知能やインターネット、自動運転といったものが出てきていますし、まさに新しい科学のパラダイムシフトみたいなことが起こってきているんですが、そこに人間の心をどうやって当てはめていけばいいのか、すなわち、一つはAIが心を持つかどうか、もう一つはAIに対峙する人間の心はどうあるべきか――ということが非常に大きな問題になってくるんです。こうした現代の状況は、円了が活躍した時代と似ているような気がしまして、例えば、インターネットの中に潜む妖怪が問題になっていることなどです。

そこで円了が書いたもの、考えたもの、後世に残そうとしたものに、AI時代を生き抜くヒントがいっぱいあるんじゃないかと思ったことが、掘り起こしをしようと考えたきっかけですね。

鈴木　吉田先生のように現役のバリバリの理系の先生が、円了のかつての仕事にすごく心惹かれて関心を示されていることは逆に興味深いですね。

最近の円了研究はそれなりに蓄積を示しているわけですけど、ただ日本の近代哲学全体の中で、円了がどれだけの意味があったのかを論じるのは、なかなか難しいところだと思うんです。

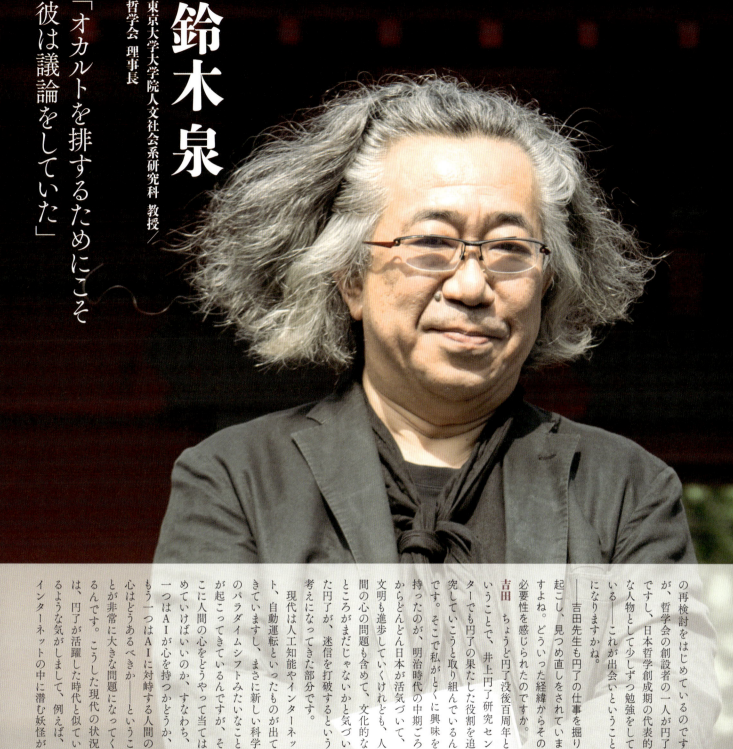

近代日本哲学は基本的に戦前のことを考えた場合、オリジナルな仕事をした人物が東京にはあまりいなかったんです。一般に日本哲学のオリジナルな思想家というのは、京都大学で教鞭をとった西田幾多郎や田辺元になりますし、世界的にも近代日本哲学は評価されて研究者が増えていますが、それの多くは西田や田辺の研究者なんですね。

ですが京都学派だけが近代日本哲学ではなくて、東にも東京大学や哲学科のある東洋大学がありますし、そういうところから生まれた哲学がある。我々のプロジェクトでは近代日本哲学の様々な潮流とか傾向を見てみようと思っていて、その上で円了がどのような存在だったのかを考えてみたいというのが出発点なんです。

吉田　私も似たような考えでして、やはり哲学者円了というのはなかなか浮かび上がってこない。科学や心理学みたいなこともやられていますし、あとは学校経営でも非常に才的な面があります。

　むしろ哲学者というよりも、自分が信じて、良いと思ったことを世の中に広めるという、世の中に対する教師のような感じですよね。それも学者の間に広めるのではなくて、一般大衆の中に広めようとした、それは、円了自身が『甫水論集』で「弘法大師のように上層社会ばかりではなく地方人民のためにも尽くしたい」といっていることからも分かります。その決心が驚異的な数の全国巡講につながっているんですね。本人が今生きておられたとしたら、自分は哲学者じゃないよって答えられるような気がするんです。

鈴木　円了の魅力は、まずは彼の様々な活動舞台だったと思います。具体的に考えてみますと、まず東大で哲学会を創設し、数年後にはこれも日本最古の哲学雑誌『哲学会雑誌』（後に『哲学雑誌』に名称変更）を創刊するわけですが、同時にその出版元である哲学書院という出版社も作る。その後哲学館を創立して、哲学館関係の仕事で全国巡講するわけでしょう。個人でこんな活動をするなんて今の世の中ではとてもあり得ないですよ。活動する哲学者というか、そういう側面が強い。しかもその活動力が彼の幅の広い仕事につながっている。

――鈴木先生には『哲学会雑誌』のコピーを用意していただいていますが、こちらが創刊号になるんですね。

鈴木　私が学生だったころ、同級生の間で円了がどのように知られていたのかというと、『哲学会雑誌』の創刊号にある論文を載せていたことが話題になっていたんです。

　創刊号で円了は「哲學ノ必要ヲ論シテ本會ノ沿革ニ及フ」という巻頭論文を書いているんです。その内容から哲学会や雑誌にかける意気込みと、彼の哲学の側面が分かるのですが、同時に「こっくり様ノ話」という論文も載せているんですよ。

「日本という国と、一般の国民を愛した人」

吉田善一（よしだ・よしかず）
一九五七年、兵庫県出身。筑波大学物理工学科卒業。工学博士。レーザ協会 理事。松下電器産業㈱生産技術研究所・中央研究所、京都大学電子工学教室研究員を経て、一九九五年山梨大学機械システム工学科助教授。二〇〇〇年東洋大学機械工学科教授。二〇一八年井上円了研究センター センター長、大学院理工学研究科 研究科長。専門はプラズマ、レーザ、イオンビーム、科学哲学。

――円了のペンネームの一つである不思議庵主人の名義で書かれた論文ですね。

鈴木　そうです。『哲学会雑誌』は今のように専門的な哲学の論文だけが載る雑誌ではなかったんですよ。哲学の論文以外にも心理学、社会学等々、かなり幅広い分野の学問を扱っていまして、その中に円了の「こっくり様ノ話」が出てくる。当時の我々は、「そうかぁ、創成期の哲学雑誌っていうのはコックリさんの話を書いていたんだ、しょうもなかったね」という感じで誰も読んでいなかった。

　ただ、今読んでみると、これはこれで意味がある。スピリチュアリズムといいますか、心霊現象を扱う学問が十九世紀の後半くらいからヨーロッパで流行ったわけで、円了はそれらを援用しながら日本のコックリさんを静かに分析する。オカルトがかった論文ではなく、むしろオカルトを排するためにこそ彼は議論をしていた。当時の無知を恥じますけど、これはヨーロッパの科学や学問が入ってきたときの反応の一つとして見ることができるんです。

吉田　コックリさんに限らず、科学的なというか、統計的な調べ方をしていますよね。統計学は円了にとって大きな武器であったと思うんです。そういう意味では、哲学者というよりもむしろ、科学者的な側面が非常に強かったのではないか。『哲学会雑誌』の創刊号にコックリさんの論文を載せたのも、「科学的なものをこれから広めていかないといけないんだ」という、そういう意味合いもあったような気がします。そしてその決意は、科学的な見地から妖怪研究をおこなうことのきっかけとなったんですね。

哲学者としてのあり方

鈴木　今回、この対談の話を頂い

て、井上円了研究センターのセンター長でいらっしゃる吉田先生は文系の方だと思っていたんです。円了の専門家じゃないにしても、そういう方だと思っていたら理系の先生だということで非常に驚きました。

吉田　円了に惹かれる理系の先生って多いと思うんですよ。何が面白いかというと、非常に先進的な考えを持っていながら、学者肌ではないところですね。例えばコックリさんなどは脳科学まで踏みこんでいますし、理系の我々から見ても、円了の著作からは科学的な視野が感じ取れるんです。

それともう一つは、書いていることが非常に分かりやすいんですね。『仏教理科講義』なども漢字カタカナ交じり文で書かれていますが、あまり難しい言葉を使わず、わりとすっと入ってくるような文章になっている。リズミカルな文章の面白さもそうですが、加えて、天文、地理、物質、極微と実際に追究しているところも理系が惹かれるようです。

鈴木　色んな意味で円了が影響力を持っていたことは確かですね。例えば円了は『哲学一夕話』というオーソドックスな哲学の入門書を書いていますけど、この本はよく読まれていたんです。西田幾多郎が哲学に興味を持つようになった一冊でもありますし。その他仏教関係にも一時期大きな影響を与えていたようですし、なんといっても『妖怪学』は今でも読まれていますよね。この時代において妖怪というものを、実証主義的というのは厳しいかもしれませんけれど、実証主義的ないし科学的な立場から検討するっていうのは先駆的な仕事といえますね。

吉田　そうですね。同じ妖怪を扱うにしても、民俗学の一環とする柳田国男とは違って、円了の『妖怪学』は客観的事実だけを収集して、そこに心理学上の説明を与えたり、科学的な証明のようなものを入れたりしているんです。物語として伝えようとしたのではなく、むしろ事実として考える。それを分かりやすく書いている。『論語』でいうと「辞は達するのみ」とでもいうんでしょうかね。それだけしっかりと一般の人に伝えようとしたんじゃないでしょうか。

――最後になりますが、哲学者としての円了、お二方から見た円了を一言で表現すると……。一言では難しいかもしれませんが。

吉田　難しいですね（笑）。先ほどもいいましたが、大衆を大事にした人ですよね。これからは一般市民がもっと声を上げないといけないと強く思っていて、一般の老人から子供も含めて、そういう人を非常に愛した。円了は日本という国を愛していたといわれるんですけれど、それ以上に一般の国民を愛した人じゃないかなと思っているんです。

鈴木　僕自身、円了の膨大な著作を全部読んでいるわけでもないし、これから中身を見ていきたいと思っているというのが前提ですけれども、円了は哲学者としてのあり方の一つを体現していて、これは吉田先生と結論が同じですけど、民衆の中にといったらいい過ぎかもしれませんが、日本や世界を歩きながら行動する哲学者であったと。しかも大学まで創って経営にまで携わる。スケールの大きい仕事が可能だったのは、あの時代が作り得たものなのかもしれませんけれど、ある種のノスタルジーを感じさせる哲学者ですよね。

「日本や世界を歩きながら行動する哲学者」

鈴木泉（すずき・いずみ）
一九六三年、宮城県出身。東京大学文学部哲学専修課程卒業。東京大学大学院人文科学研究科哲学専攻修士課程修了。同博士課程中途退学。哲学会 理事長、日本哲学会 理事、スピノザ協会 運営委員、日本ライプニッツ協会 理事。二〇一八年東京大学大学院人文社会系研究科教授。専門は哲学（西洋形而上学の形成史・近世大陸系哲学、現代フランスにおける差異哲学）。

明治十七年（一八八四）一月に発足した哲学会。その機関誌として明治二十年（一八八七）二月に『哲学会雑誌』が創刊された。東洋大学所蔵の第一冊第一号は合本化されており、残念ながら表紙が省かれている。書影は第二号。

「仏教の中にも真理があるんじゃないかと気が付いた」

小説家
京極夏彦

大切なのは、真理の探究
——仏教と井上円了

text 村上健司　photo 水野昭子

仏教へのまなざしの推移

——井上円了が活躍した明治時代は新政府が掲げる神道重視の政策によって仏教が弾圧されていた時代です。そんな中、円了はどのように仏教を見つめていたのか、まずはそのあたりからお話ししていただけますでしょうか。

渡辺　井上円了が長岡の慈光寺で生まれたのは安政五年（一八五八）でしょう。江戸から明治というまさに激動の時代に生まれ育ったわけですが、長岡にいるころは仏教には将来がないと思っていたようですね。

京極　井上円了はもともと寺院に生まれ、僧侶になってしかるべき人だったわけですから、明治のように様々なことが大きく変わる時代に生まれていなければ、そのまま自分のお寺を嗣いでいた可能性もあったわけですよね。

渡辺　大いにありますね。仏教の勉強は子供の頃からしていましたけれども、その教えに疑問を持っていたらしいんです。洋学や英語といった学問をした方が将来役立つだろうと考えていたようです。

京極　そういう考えは、幼いころから？

渡辺　持っていたようです。それまでの価値観が崩壊しているわけですから。今のような環境は長く続かないと誰が見ても明らかなわけです。そういった状況の中、仏教を勉強するよりも新しいことを勉強したいという気持ちが強かったんですね。

子供時代の円了は、後に日本赤十字社や東大医学部を創った石黒《いしぐろ》忠悳《ただのり》から儒学ですとか漢文を学ん

渡辺章悟

東洋大学文学部　教授

「完全に捨てるべきものではなく拾うところも沢山あるぞと」

でいましたけど、結局そういう人たちも今まで勉強してきた内容を捨てて、勤王の志士になって医学の道へ進むわけです。円了はそういう例を実際に見ていましたから、新潟学校第一分校（旧長岡洋学校、現新潟県立長岡高校）で最新の勉強を始めているころには、すでに理解していたと思います。

京極　その段階で旧態依然とした仏教の在り方に見切りをつけていたのなら、当然、仏教以外の学問に興味の対象は移りますよね、将来性を考えたら。

渡辺　そもそも当時の仏教は根幹なんてないんです。よって立つべき理論とか教学というものがほとんどないような状況ですから。新たに作るか別のものに移るしかなかったんですよ。

京極　しかも当時は廃仏毀釈の波が恐ろしい勢いで広がっていたわけですよね。全国的にお寺や仏教者はかなり迫害を受けることになった。そういう状況を目の当たりにした円了は、これは仕方がないことだと感じたのか、それとも、仏教にも見るべきところはあるんだから、新しい時代に対応できる新しい仏教を構築すべきだと考えたのか。僕は後者と受け取っていたんですが。

渡辺　結果的にはそうなりましたね。

京極　それは結果的にということなんでしょうか。

渡辺　そうですね。円了は新潟学校第一分校を出た後に東本願寺の教師教校に入ります。その後東本願寺の給費生として東京大学に入りますが、そのころから仏教に対する考え方が変わったんじゃないかなと思います。当時の仲間に先進的な人たちがいましたし。たとえば後の仏教学者・南条《なんじょう》文雄《ぶんゆう》は円了の先輩ですけども、世の中の先陣を切ってイギリスに留学して、新しい学問を日本に導入するんです。そのような人たちと交渉を持つことによって、彼の生き方とか知識が格段に広がったんでしょう。

京極　円了の活躍した時代は、和魂洋才みたいなスローガンがしきりに謳われていたわけですけど、なかなか実現するのは難しかったと思うんです。でも円了の文章や発言を見ると、まさに和魂洋才ですね。海外のいいところは積極的に取り入れるべきだし、国内の思想でも良くないものは切り捨てろとはっきりいっている。

渡辺　おっしゃる通りですね。仏教の中にも真理があるんじゃないかと気が付いた年号を、彼は『仏教活論序論』という本で書いているんです。明治十八年（一八八五）に私は気づいたんだと。

京極　仏教は完全に捨てるべきものではなく、拾うところも沢山あるぞと、その時点で気づいたということですか。

渡辺　東京大学の哲学科にいる時だったようですね。哲学で真理と

渡辺章悟（わたなべ・しょうご）
一九五三年、群馬県出身。法政大学文学部哲学科卒業。東洋大学大学院仏教学博士課程修了。東洋大学文学部教授、文学博士。主な著書には『大般若と理趣分のすべて』（北辰堂）、『大智度論の物語三』（第三文明社）、『般若心経―テクスト・思想・文化―』（大法輪閣）、『金剛般若経の研究』（山喜房佛書林）などがある。

「新しい仏教を作る運動が円了の弟子たちから生まれてくる」

『仏教活論序論』。

いうものがあるとすればこういうものだと勉強をしている中で、これだったら仏教の中にもあるじゃないかということに気づいた――ということを、彼は『仏教活論序論』で衝撃的に書いています。

仏教と哲学

京極　円了は由緒あるお寺を嗣ぐことをせず、大学に行っても官僚にならず、用意されたエリートコースをことごとく蹴っています。栄達も保身もまったく眼中にない、まさに学究の徒ですよね。学問に忠実に生きるということはなかなかできることじゃない。そこは凄いなと思います。普通なら官僚になりますよね。

渡辺　実際、さきほど出てきた石黒忠悳に官僚への道を勧められていましたからね。

京極　円了の数ある業績の中で、最も人口に膾炙《かいしゃ》しているのは妖怪学になると思うんですが、そのせいか、わりと対比されがちな人物に柳田国男がいます。彼の場合は官僚になるんですが、柳田は官僚という立場を利用するようにして、在野を巻き込んで学問を立ち上げていきますね。一方の円了はまったく違う道を選ぶわけで、まず学校を創る。しかも官僚を作るための学校ではなくて、一般の人が聴講し学ぶための学校です。お金がない人でもお金がないなりに勉強できるような仕組みを考える。これは当時としては革新的ですよね。思いついても簡単にできるものじゃない。それを実現させた原動力は何だったんでしょう。やはり真理を求める探究心だったんでしょうか。

渡辺　真理に対する絶対的な信頼があったんでしょう。たとえば『奮闘哲学』という本の中で、円了は哲学を向上門と向下門とに分けているんです。学問というものはそもそも向上門で、だからすべての学問は絶対に向かって真理を解明するためにあるんだと。ですが、向上門っていうのは実は方便で、向下門が本来のものだというんです。学んだことを社会に還元することが向下門ですが、単に向下門だけがあるわけじゃない。必ず向上門を通って、そして向下門に帰ってくる。それが学問の本来の意味なんだと、このようにいうわけです。この向上門、向下門というのは仏教用語なんですよ。哲学の研究と役割を仏教用語に適応させているんです。円了の場合、仏教と哲学が一つになっている部分があるんですよね。

　ですから大切なのは、真理の探究。そして目的としては、多くの人にそれを受容してもらうためにやっていると。

京極　円了が提唱した護国愛理という言葉がありますけど、すごくいい言葉だと思うんです。理に執着することによって国を護る。愛国とは違って、国に執着するんじゃない。むしろ理の方が重要だと。理を守っていれば国は栄えるし、護れるんだという考え方ですよね。今の世の中に欠けているもののように思えます。もちろん今でも護国愛理という言葉を使う人はいるんですが、どのような意味で使われているのか疑問を感じることもある。円了の場合は彼の思想に基づく彼の言葉として届くんですが。

　僕はお化け好きなので、井上円了も『妖怪学講義』や『おばけの正体』など一般向けに書かれた本から読み始めました。初めはやはり俗にいわれる妖怪否定博士という認識だったんですが、『外道哲学』を読んで気がついたんですね。この人は単純に迷信打破に熱心な啓蒙活動家でもないし、お化けが好きなだけの人でもないぞと。「迷信なんか信じるな」ではなくて、むしろ真理とは何なのかを追究していくと「信じようとしたって信じられないものが出てくるでしょう」ということなんだな、と感じたんですね。まあ、目から鱗といいますか。お化けは迷信だと主張しているわけではなく、お化けはいいけども、お前たちもっと見るべきものをちゃんと見ろよと叱られたような気がして。

渡辺　護国愛理とおっしゃいましたが、円了が海外視察に行ったとき、どの国も自国の伝統的な学問を必ず教えていると知るわけです。日本ではそういうことさえもちゃんとできていない。そして民衆の多くは因習に囚われている。そういった意味では愛理としてきちんとした哲学を以てすれば、国が富むことにも繋がるし、人々の幸せにも通じるんだと。これは普通に考えられると思うんですね。ただし、単にそういうことだけをいっているのではなくて、真理が自分たちの生き方にとってどういうものなのかと、最終的にはそこまでいくんです。あなたたちが今やっている学問は一体何を目的としているのか。あなたたち自身はどのように生きているのか――ということを気づかせる。円了は生き方そのものに焦点を当てて、こういう生き方もできるのではないかと考えさせるような授業やら、あるいは本を書いていると思いますね。それは晩年の著作『奮闘哲学』を読むとよく分かるんです。

――円了は哲学を通して人を育てようとしていたともいえるのでしょうか。

京極　きっと人を育てようとはしていたんでしょうね。

渡辺　そうでしょうね。哲学館を創立するにあたって円了は「哲学館開設ノ旨趣」という文書を書いていまして、それを読むと彼の目的がはっきりと分かるんです。それは哲学を改革のメインに置くっていうんですから通常の在り方じゃないですよね。文明の開化には知力の発達が不可欠で、そのためには高等の教育と学問、中でも哲学、つまり愛理が必要だというんです。

京極　そこで理を忘れてただ国を護ってもしょうがないという。理を知るためには哲学が要るわけですね。

――最後になりますが、円了が仏教界に及ぼした影響をあげるとすると、どのようなことがあるのでしょう。

渡辺　従来の仏教がダメだということは円了に限らず多くの人がいっていたんです。そんな中、当時は日本でもユニテリアン（キリストの神性を否定して神の単一性を主張するプロテスタントの一派）が盛んだったこともあって、円了の弟子や同志が仏教清徒同志会という団体を作るんです。社会改革を目指した近代日本の仏教組織で、これが新仏教運動に繋がっているんです。

新しい仏教を作ることを目的としているんですが、そういう運動が哲学館を中心とした円了の弟子たちから生まれてくるんです。そういった意味では円了が果たした役割はあると思いますよ。

京極　円了の蒔いた種が各方面で芽吹いたことは間違いないんだと思います。惜しむらくは講演先の大連で客死されてしまって。

渡辺　六十一歳ですからね。

京極　もう少し長く活躍されていたら、後世にもっとはっきりとした影響を及ぼしていたのだろうと想像すると、残念でもありますね。

「円了の蒔いた種が各方面で芽吹いたことは間違いない」

京極夏彦（きょうごく・なつひこ）
一九六三年、北海道出身。小説家、意匠家。日本推理作家協会第十五代代表理事。世界妖怪協会・お化け友の会代表代行。一九九四年に『姑獲鳥の夏』（講談社）でデビュー。一九九七年『嗤う伊右衛門』で泉鏡花文学賞、二〇〇三年『覘き小平次』で山本周五郎賞、二〇〇四年『後巷説百物語』で直木賞、二〇一一年『西巷説百物語』で柴田錬三郎賞を受賞。他著書多数。

漫画で読む、井上円了の生涯

神秘家列伝

不思議庵主 井上円了

漫画 水木しげる

多方面の分野で活躍をみせ、さまざまな足跡をのこした井上円了。
その濃密な生涯を、漫画で表現した作家に、水木しげるの名があげられる。
82ページというボリュームで、60余年にわたる円了の生誕から死去までを描いた
「神秘家列伝『不思議庵主 井上円了』」を紐解き、円了が何を思い、
発信し続けたのかを考えてみたい。

（初出 『季刊 怪』第拾号 角川書店 2001年1月1日発行）

神秘家列伝
不思議庵主
井上円了
Inoue Enryo

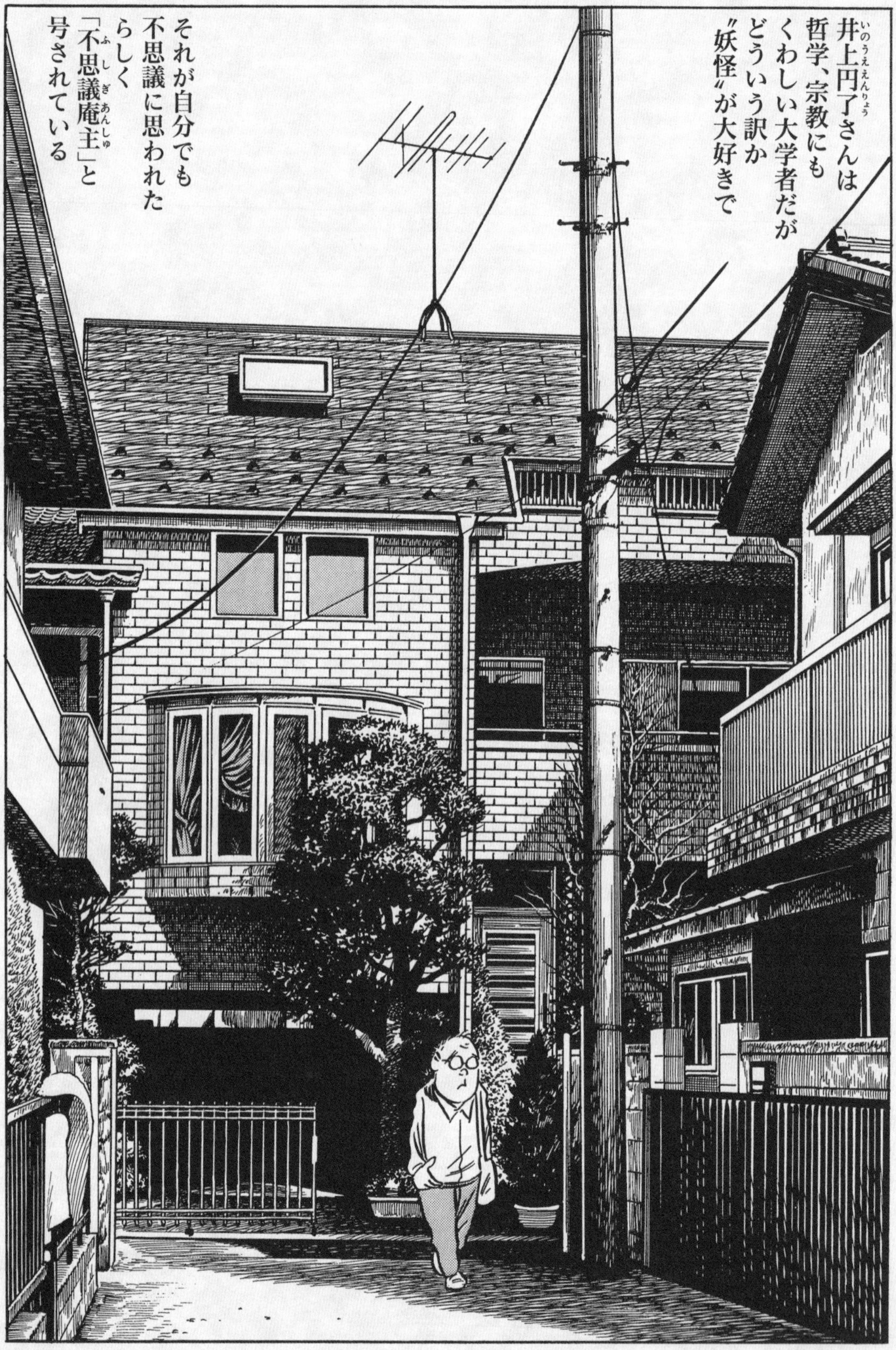
井上円了《いのうええんりょう》さんは
哲学、宗教にも
くわしい大学者だが
どういう訳か
〃妖怪〃が大好きで
それが自分でも
不思議に思われた
らしく
「不思議庵主《ふしぎあんしゅ》」と
号されている

円了さんの頃は
マジメな時代だから
大学者が妖怪
すなわち〝お化け〟は
いないという
研究をはじ
めて
しまいには
妖怪に
捕まってしまい
自分でも
不思議に思って
「不思議庵主」と
されたのかも
しれない

しかし先生は やはり真面目 だけれども “変わったお方” だと私は 思っている
円了先生は ……
安政《あんせい》五年 二月四日

越後国《えちごのくに》三島《さんとう》郡来迎寺《らいこうじ》大字浦《おおあざうら》慈光寺《じこうじ》にて生まれる
オギャーッ
おお生まれたか
この子は岸丸《きしまる》と名付けよう
父は井上円悟《いのうええんご》といいこの寺の住職である
母の名はいくといった

岸丸は
のちに襲常《しゅうじょう》と
改名し
後年上京する
頃には
改名して
円了となる
これは
父の名の
一字をもらった
のであろう

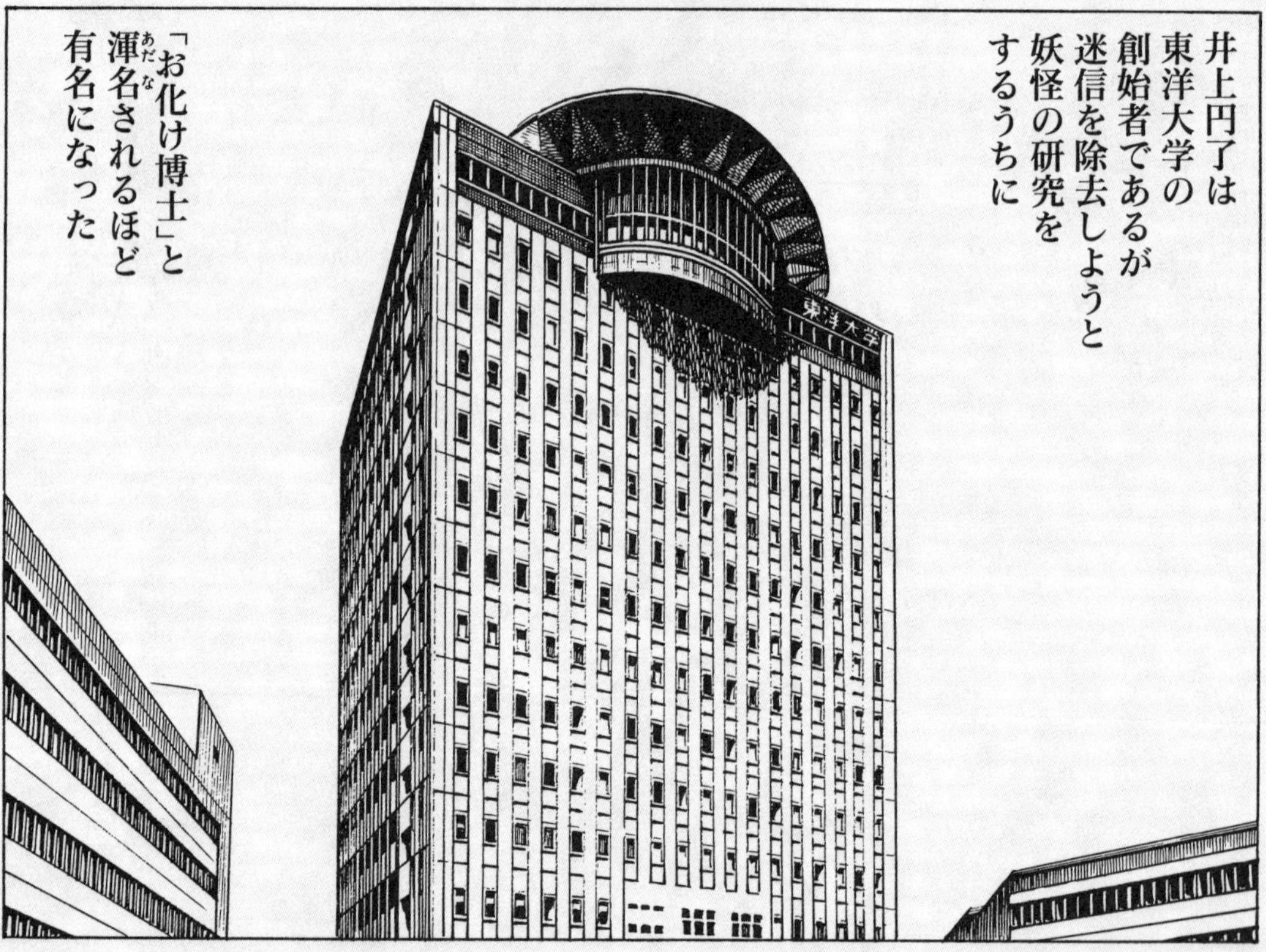
井上円了は
東洋大学の
創始者であるが
迷信を除去しようと
妖怪の研究を
するうちに
「お化け博士」と
渾名《あだな》されるほど
有名になった
東洋大学

すなわち彼は何を隠そう結局大の妖怪好きだったのだ
すなわち妖怪に好かれた人だった
慶応四年には彼は十歳だった
今日からお前は石黒塾《いしぐろじゅく》で漢学を学ぶのですよ
はい

先生のお話をしっかりと聞くのですよ
お母さんわかってますよ
円了はこの頃から学才のある子で理解力も記憶力もあり
どんな質問でも即座に答えることができた
また人一倍勉学に熱心であった

いくら雪国とは いえ こんな大雪じゃあ 生徒たちは 今日は来るまい
そうです かねえ
トトトトトトン
あっ きっと 井上に違い ありませんよ
ガラッ
お早う ございます
やっぱり お前か

雪の中をはだしできたのですね
まあまあ手も足もこんなに金《かな》っ氷《こおり》のように冷えきって
さあ早くミノを脱ぎなさい
いったいどの辺で鼻緒を切らしたの
家を出るとすぐに切れました
まあそれならうちへ戻って直してくれば良かったのに
はいよほど戻ってすげてこようと思いましたが
それでは勉強の時間に遅れますから
んまあ
だっていつも先生から時間は必ず守るようにと教わりましたから

なるほど
家の前で鼻緒を切らしても戻ればそれだけ遅くなります
だから雪の中をはだしで参りました
感心な子だねハハハ
すなわちバカ真面目な子だった
その後石黒塾は塾長の石黒が上京したため明治二年に閉鎖になった

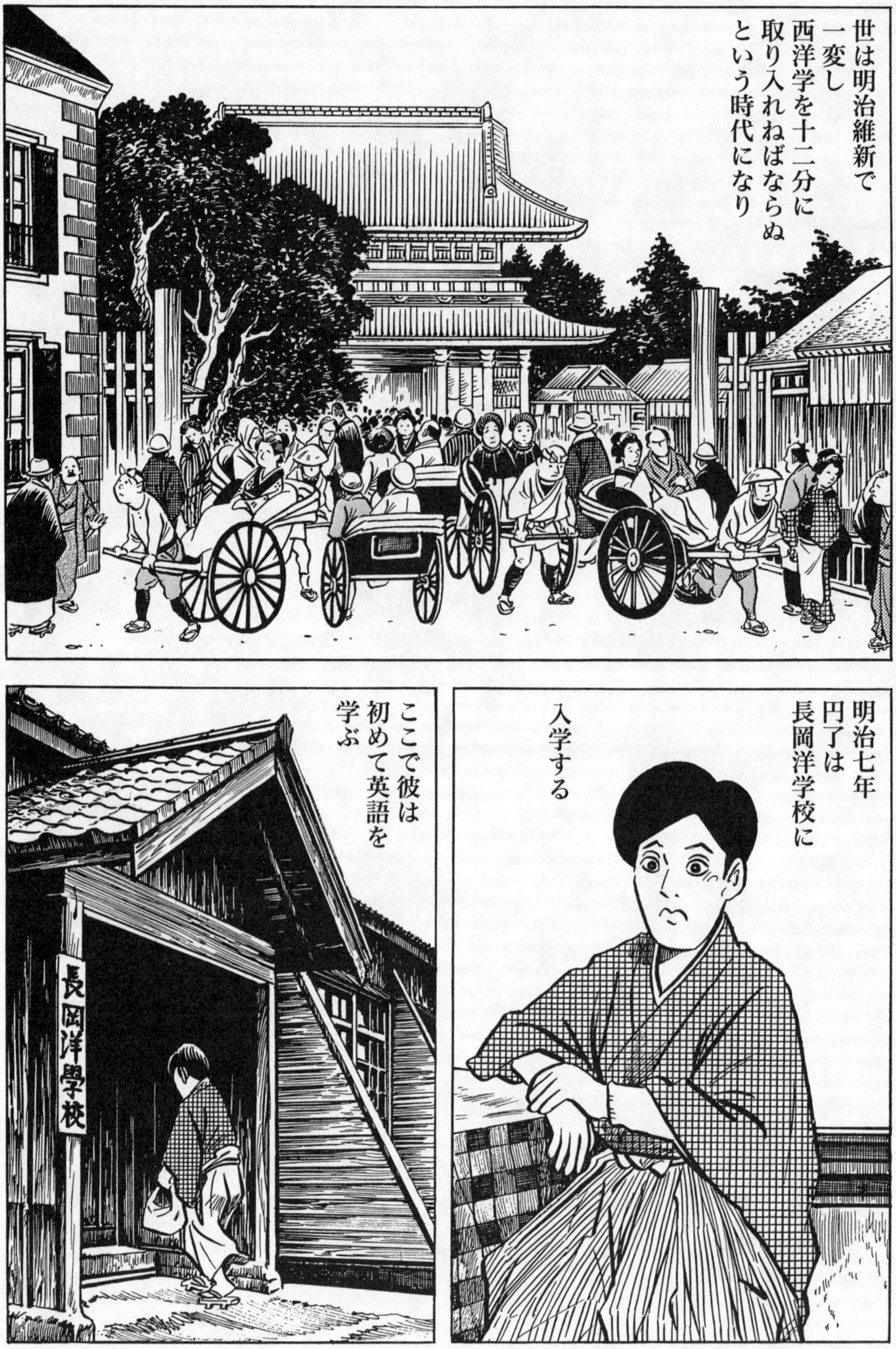
世は明治維新で
一変し
西洋学を十二分に
取り入れねばならぬ
という時代になり
明治七年
円了は
長岡洋学校に
入学する
ここで彼は
初めて英語を
学ぶ
長岡洋學校

ところが——
なんじゃいここは……
文法も教えないしリーダーも読ませない
これじゃあ英語なんぞは身につかないぞ
円了の言葉通りで彼はnightを〝ニグフト〟と読みoftenを〝オフテン〟などと読んでいた
night→ニグフト
often→オフテン

すなわち円了の英語の素養は漢学のそれと比べるとぜんぜん浅いものだった
ハッ
ポリポリ
この学校は現在の新潟県立長岡高校の前身で
円了は入学の翌年(十七歳)みずから主唱して「和同会」という名の生徒会をつくった

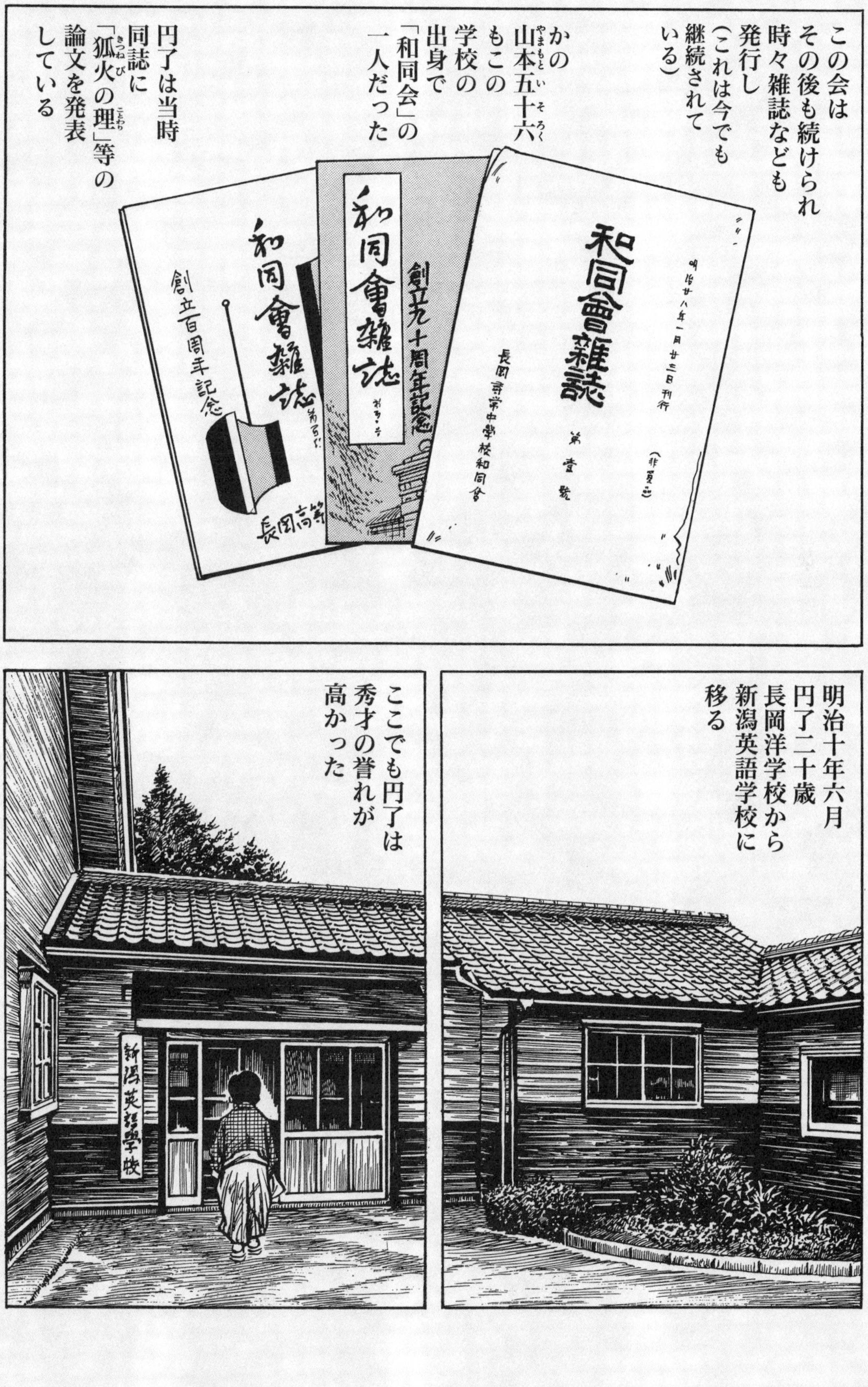
この会は
その後も続けられ
時々雑誌なども
発行し
(これは今でも
継続されて
いる)
かの
山本《やまもと》五十六《いそろく》
もこの
学校の
出身で
「和同会」の
一人だった
円了は当時
同誌に
「狐火《きつねび》の理《ことわり》」等の
論文を発表
している
和同會雜誌
明治廿八年一月廿三日刊行
長岡尋常中學校和同會
第壹號
(非賣品)
和同會雜誌
創立九十周年記念
和同會雜誌
創立百周年記念
長岡高等
明治十年六月
円了二十歳
長岡洋学校から
新潟英語学校に
移る
ここでも円了は
秀才の誉れが
高かった
新潟英語學校

その頃
京都の東本願寺《ひがしほんがんじ》では
教師学校というものを
たてて
全国から優秀な学生
二十五名を募り
これに普通学を教える
ことにして
人材を探していた
新潟英語學校
稀《まれ》にみる秀才が一人いますが……
ほほう
彼です
じろ!!

なかなか見どころがありそうだナ
翌年円了は学才を見込まれ京に上る
京都教師学校宿舎
なんだかうす汚いのが入ってきたぜ
本当だ
ガラッ

今日から
お世話になる
井上です
英学生は
きみを入れて
四人だ
仲良くやろう
はい
よろしく
お願い
します
円了は
ここでも
学才を発揮
する
やがて冬期休暇
となると
金のある者は皆
宿舎を引きあげて
旅籠屋《はたごや》で
ゆっくり正月を
迎える

きみはどうするの？
俺は金も無いしここでさびしく正月を迎えるさ
そうか金の無いのはオレも同じだ
トホホ
二人でさびしく正月を迎えるか
ピュー
寒いなあ……
ああ俺は大布団《おおぶとん》一枚きりしか持ってないからもっと寒い

それなら いいことを 考えた
きみも 着物を 脱げよ
ええっ!?
真裸《まっぱだか》で 抱き合って 寝るんだ その方が 暖かい
そんな バカな!?
お前の布団と 二枚重ねに するんだ
なに ぐずぐず してるん だ
ああ
寒いぞ 早く中に 入れ

どうだ
あったかい
だろう
……
……
こうして
冬が過ぎ
明治十一年春
井上のような
逸材を
本願寺に
とどめておく
のは
まことに
惜しいこと
です
是非
最高学府で
思い切り
学問させる
べきです
なるほど
教官のきみが
それほど
言うのなら
給費留学生
として
東京に
出そう
はい

二十一歳の円了は上京し大学の予備門に入り明治十四年東京大学哲学科に入学した

この年は自由民権運動が絶頂に達したときである

次はフェノロサ教授のクラスだ
きみは出席するかい
いやカントやスペンサーは面白いと思うが欠席する
故郷にいた頃からの習慣で昼は一時間眠ることに決めているんだ
そうすれば夜中少なくとも二時間よけいに勉強することができるんだ
なるほどﾈ無駄のようで時間の節約になるという訳か
まあね
それはそうとここには「不思議研究会」というのがあるだろう

俺はその会に入ろうと思うんだが
オレは遠慮しとくよ
そうか俺は幼い頃から妖怪の話を聞くのが好きだった
いつか大人になったら妖怪の理《ことわり》をきわめてやろうと思って
いま妖怪談の事実を蒐集《しゅうしゅう》しているところだ
それは意外だな
迷信嫌いのきみが妖怪好きとはね
いや俺は一切の妖しきものの正体究明をしたいのだ
そして社会国民を啓蒙《けいもう》したいのだよ
はははは

明治十八年
円了大学卒業
哲学科の卒業生は
円了一人だった
この頃円了は
先に上京していて
交流のあった
石黒氏の来訪を
受ける
きみは私が
見込んだ通り
優秀な
学生だ
はァ
どうだろう
文部大臣の
森有禮《もりありのり》氏に
話して
きみを
文部省に
推薦したいと
思うのだが

卒業後の進路については本願寺からも教師学校の教授になるようにとの命《めい》もきていますが……
私は僧籍に身を置くより
また官途に就くより
むしろ俗人として活動することの方が便利なように思われます
ほう
ゆくゆくは仏教の本義を追究し哲学的思考をポピュラリティの域にまで普遍化させるために
学校形式のものを設けたいと考えております

ではこの話は断わると
はいまことに恐れ多いとは存じますが……
慶應義塾《けいおうぎじゅく》の創立者福沢諭吉《ふくざわゆきち》が
町人として一生を貫いたのと通ずるところがあるのかナ
明治十九年十一月円了は吉田敬《よしだけい》と結婚し
東京本郷《ほんごう》に新居を構える
ちょっと出かけてくるよ
あらどちらへ
棚橋《たなはし》くんのところだ
いってらっしゃいませ

棚橋一郎《たなはしいちろう》は円了の良き友で「哲学会」の創設や『哲学会雑誌』の発行や活動に協力していた
白山
棚橋くん実に残念だよ
今日《こんにち》の僧侶があまりに地獄、極楽にかたまりこんでしまって本当の僧侶学をやっていないのだからね
うーむその通りだ
だから少し彼らに哲学思想を与えてやったなら世の中の利益になるのではないか
なるほど
その為に哲学館をおこそうと思っているのだが

どうだろう
きみ一つ
賛成
して
力を貸して
くれないか
もちろんだ
是非やろう
ありがとう
こうして
明治二十年九月
湯島の麟《りん》祥《しょう》院《いん》の
一隅を借りて
「哲学館」を
営むことに
なった
これが
現東洋大学
の礎《いしずえ》である

哲学を
誰にもわかり
やすい形で
教え
ことに衰退の極《きわみ》に
ある仏教のバック
ボーンとして
哲学という
障壁を築き
老若仏徒や
僧侶たちに
まず
哲学的な
ものの考え方を
教えることから
はじめようと
思う
ナルホド
明治二十一年
長男玄一《げんいち》誕生
五月には
棚橋一郎を
哲学館主代理に委嘱《いしょく》し
円了は第一回の
欧米視察の旅に
出かける

翌明治二十二年六月帰国
勝海舟翁《かつかいしゅう》が是非きみに会いたいので来てくれないかとのことだ
松老雲間
なんだって本当か？
哲学館の主義に大賛成らしい
そうか光栄だなあ
会いに行ってみるか

赤坂《あかさか》氷川《ひかわ》
勝海舟宅
はははははは
いやあ よく来てくれた 実は哲学者 なんてものは 偏屈でよぼよぼの じじいかと 思っていたよ
はァ
ことに哲学を 天下に普及 しようなんて
学者は ただものじゃ ない……

と大いに期待していたのだが
失礼だがきみが井上円了君だとすると
まったくこちらの想像は大ハズレじゃよ
こんな白面の青二才の青年とは……
まァとにかく哲学館の主義は大賛成じゃ
これを是非学校の足しにしてくれ
ポン!
あっ!
これはこれは……
お前さんなんかまだ若いから何も知るまいが一体《いったい》世間のことというものは
何でも事さえ良ければ必ずできると思うのは間違いじゃ

いくら結構な仕事でも金がなけりゃ駄目じゃ
ナルホド
国家有事のときに幕府の金庫に金がない
さりとて外国から借りることもできない
あげくの果てはあの始末じゃ
だからお前さんも議論めいたことは言わずに何でも良いから金をこしらえなさい
はい
円了は生涯勝海舟を人生の理想として心服した
これ以降矢継ぎ早に著作を出し膨大な印税を得て借金をせずに独力で学校を営んでいったのも
私立
哲學館
勝海舟の影響が大きかったようだ

明治二十二年
憲法発布
なんだ
これは！
僧侶に
義務のみ
あって
何の権利も
許されぬ
とは……
これは
仏教滅亡の
危機だ!!
ただちに
仏教公認
運動に
乗り出さ
ねば！
郵便
です

あっ
父さんからだ
越後の自坊
(慈光寺)に帰り
私のあとを継いで
住職になってくれ
それどころ
じゃない
だろう
早速《さっそく》
返事を書こう
いま天下の仏教は危機存亡の
重大時局に直面しているので
このまま放っておいたら
無理解な政府のいうなり
なって廃仏毀釈の
陥るは必定 私として
ですから 御父上
老いたる
一日も早く田舎
帰り寺の仕事を
したいのですが
もし私がここで
上がらなかったら
どのような破局が
仏教の世界を
破滅に陥れるか
予測ができません、
のです。

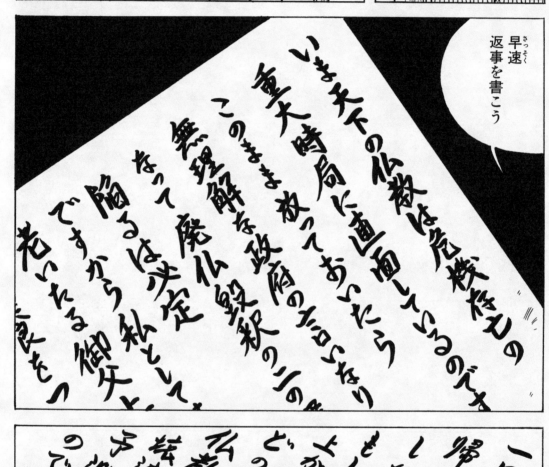

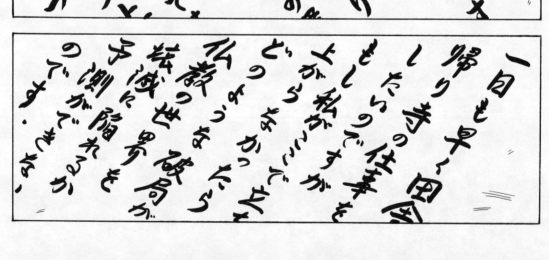

一寺の興廃などに関わっていられないこの気持ちを
どうぞお察し下さい
かくて円了は仏教公認運動のリーダーとなる
仏教を公認せよという建白書を内務省に提出しようと京都の各宗本山を歩き廻ったり
『仏教活論』なる書を出版する
この書は円了の著作の中でも最も人に感化を与えたといわれる
佛教活論序論

明治二十四年には
迷信打破のため
「妖怪研究会」を
設立する
妖怪學雜誌第八號附録
明治卅三年度
妖怪研究會員章
姓名
明治卅三年七月廿五日發行
發行所東京哲學館内妖怪研究會
發行兼編輯者井上圓了
世間からは
「お化け博士」の
渾名さえ
つけられる
円了は
社会国民の啓蒙に
精根を尽くしたが
並行して妖怪の
実地調査に
北海道から
沖縄まで
歩いた

ある日
円了は
伊豆下田《いずしもだ》で
「コックリさん」の
実地調査を
していた
共同ふかし湯
下田若宮
下田温泉
当時は巷《ちまた》に
「狐狗狸《こっくり》」すなわち
「コックリさん」が
流行《はや》っていた
コックリ様
コックリ
様

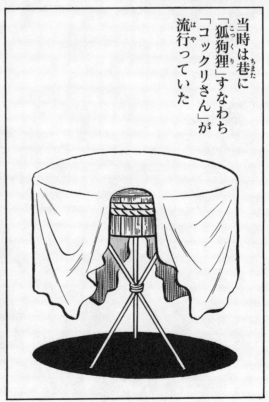

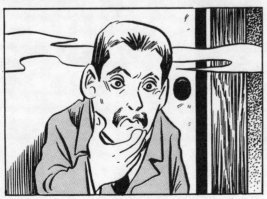

お移りくだされ
お移りくだされ
あっ動いた！
ゴクッ
何を聞く？
そうだなア
俺の女房に情郎《まおとこ》がいるや否やというのはどうだ
いいねえ
あっさっそく動いた
ゴックリ
ま
お
と
こ
が
い

る
情郎がいるだって!
ちくしょう許せん別れてやる!
やれやれ……
よしもう一回だ
これは西洋のテーブル・ターニングと同じだな
これを狐狸天狗《こりてんぐ》の所為《しょい》と信じているとは……
不思議好きの円了はさらに自分でも実験してみたり
不思議庵主人
井上圓了 著
妖怪玄談 狐狗狸の
いろいろな角度から「コックリさん」の神秘を究明し迷信の打破に努めた

明治二十八年
哲学館は
日本学を主《しゅ》、
西洋学を客《かく》
とした教授法に
変革
学生数、科目数の
増加に伴い
小石川《こいしかわ》区《く》原町《はらまち》に
新校舎を建築
した
その時——
ふーん 便所はここに 作ってくれ
えっ 先生それは 鬼門ですぜ やめた方がいい
私は 迷信家では ないから 便所が 鬼門 でも いっこうに かまわないのだ
ですが 先生……
いいんだ 言われた 通りやって くれ
へえ

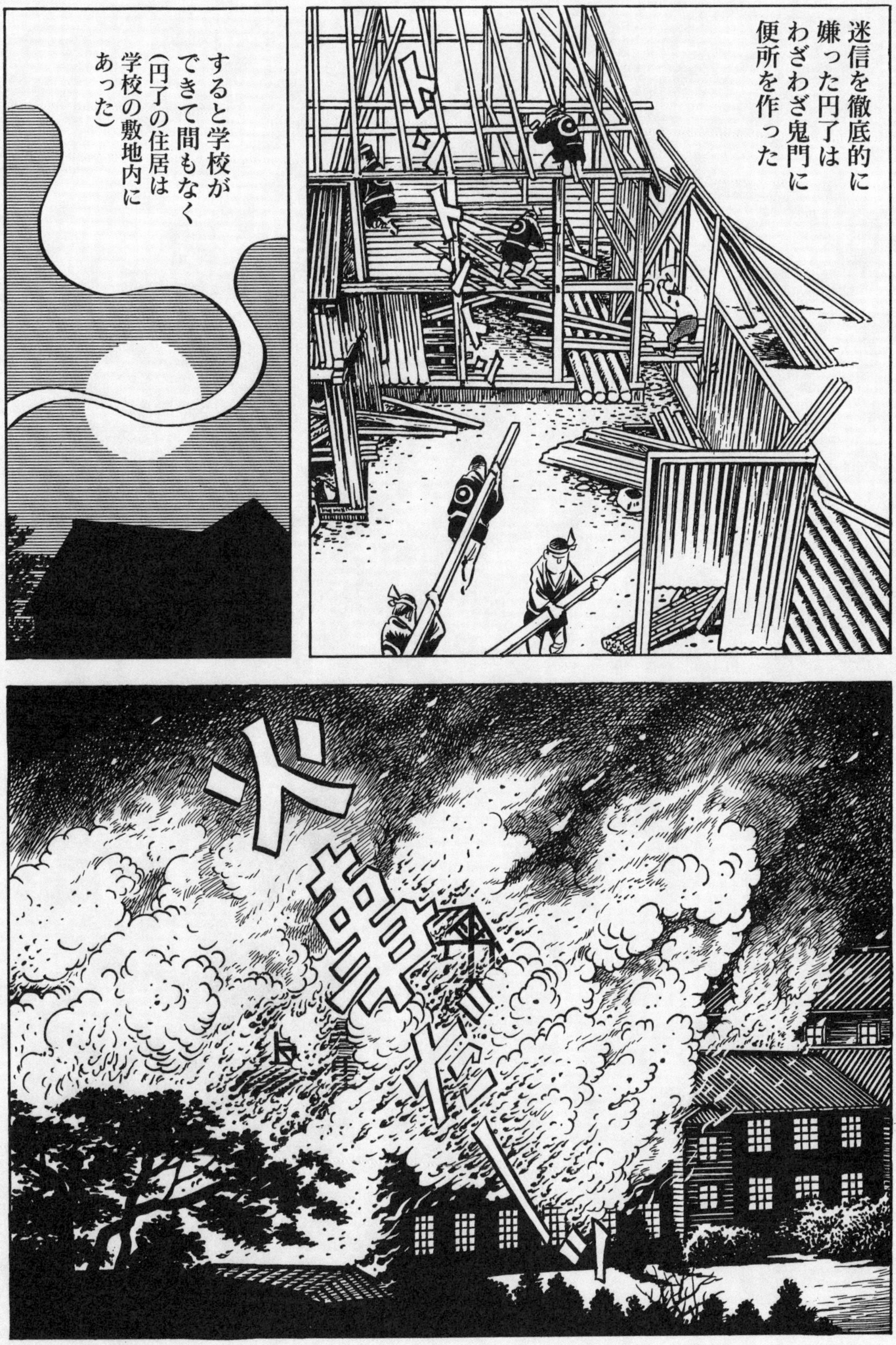
迷信を徹底的に嫌った円了はわざわざ鬼門に便所を作った
すると学校ができて間もなく(円了の住居は学校の敷地内にあった)
火事だー!

哲学館が燃えているぞ——っ!!
どこが火事だって!?
あなた!どうしましょう
うわ——っ
うわ——っ

ああ
燃えている
あなた
……
翌日
井上君
大丈夫か
あっ
石黒先生
百難はむしろ
大丈夫にとっての
試金石である
から
この様な
災難もまた
災いを転じて幸と
観ずるの覚悟が
必要だね
私もその様に
考えて
います
あーだから
言わんこっちゃ
ない
源
なんだ

鬼門を犯したりするからだ
断じてそのようなことはない
しかし鬼門迷信家には
迷信の兵糧《ひょうろう》を与えてしまったかも知れんナ
しかしその後の調査で火元は隣にあったと判明
哲学館焼失と鬼門とは何の関係もないのだ
円了はかたくなに迷信を否定した

明治三十年
新校舎落成
翌年には
『妖怪百談』なる
絵入り書物を
出版する
この本は
水木サンも
持っているが
「不思議
庵主」と
添書《そえが》き
してある
のが
オモシロイ
通俗
繪入
妖怪百談
附鬼門論
不思議庵主　井上圓了輯
この中で
円了は
それまでに
みずから集めた
妖怪話を
紹介し
それを
いちいち
合理的に
説明している
たとえば
円了は
言う

支那《しな》の諺《ことわざ》に
「疑心生二暗鬼一《ぎしんあんきをしょうず》」
というのがあり
本朝の諺に
「心の鬼が
身を責める」
というのがある
これこそは
まさに
妖怪は人の心に
こそ棲むという
ものだ
ある山中の古寺に
鬼が棲んでいると
いう噂であったが
ある夜 僧が
怪しき者を
捕えてみれば
なんとそれは
鬼ではなく
同学の僧で
あったという

また老樹が怒鳴するというので
世間は樹《き》にも魂があって叫ぶのだ
などと言っていたが
その樹をよくよく見れば中が空洞になっていてふくろうが巣を作って棲んでいた

ということで
笑い話に
なったことも
あったという
円了さんは
妖怪すなわち
迷信
迷信すなわち
妖怪と
断定し
妖怪でない
ものを妖怪と
信じている
世間を鋭く
批判した
訳だ
明治三十七年
四月一日
哲学館大学
開校

またこの年は江古田《えこだ》に「哲学堂」が完成した年でもあった
入口の哲理門の両側にはそれぞれ天狗と幽霊の彫刻がある
これは初心者の心を表したものだ
すなわち少し学問ができはじめるとある者はすぐ天狗になってそれを鼻にかける
ナルホド
それで天狗
またある者は

その学問に迷いこんで幽霊みたいにふらふらと
青白い顔をした足腰のない者になる
という戒《いまし》めなのだ
そりゃあオモシロイ
この門をぬけると四聖堂が建っておる
理想橋

この堂には世界的思想家四人が祀られている
釈迦《しゃか》、孔子《こうし》、ソクラテス、カントですね

すなわち哲学の根本中堂《こんぽんちゅうどう》でここにこそ正しい学問正しい思想が湧いているのだ

私はこの四人の思想によって薫陶《くんとう》を受けたのだ
ふーん
この四聖の教えに基づいて後進の子弟を
啓蒙指導しようとの信念をもっているのだよ
それはスバラシイですなあ
このように哲学堂の設計意匠はすべて円了の独創になっていた

この頃から
円了は
心身の疲労が
ひどくなり
ぶらぶらと
日を過ごすことが
多くなった
あっ
あなた
大丈夫
ですか!?
ああ
大丈夫
軽い
目まいだ
あなた
働き過ぎたん
ですよ
井上家は代々
卒倒して死ぬ
遺伝が
あると
いうじゃ
ありま
せんか

一度医者に診てもらって下さい
そうだな
円了は疲れていた
若い頃身体をこわし熱海《あたみ》に転地療養したことのある円了は気になり病院で診てもらうことにした
円了先生こりゃあ軽い神経衰弱ですな
はァ
まァゆっくりと休養することですな
曙病院
哲学館は人に任せるか……

これ以降
明治三十九年からは
一切の公務を退き
もっぱら
哲学堂にこもって
著述と読書に
明け暮れた

またこの年の
六月二十八日
哲学館は
東洋大学と
名称を変更
した
丙午出版社

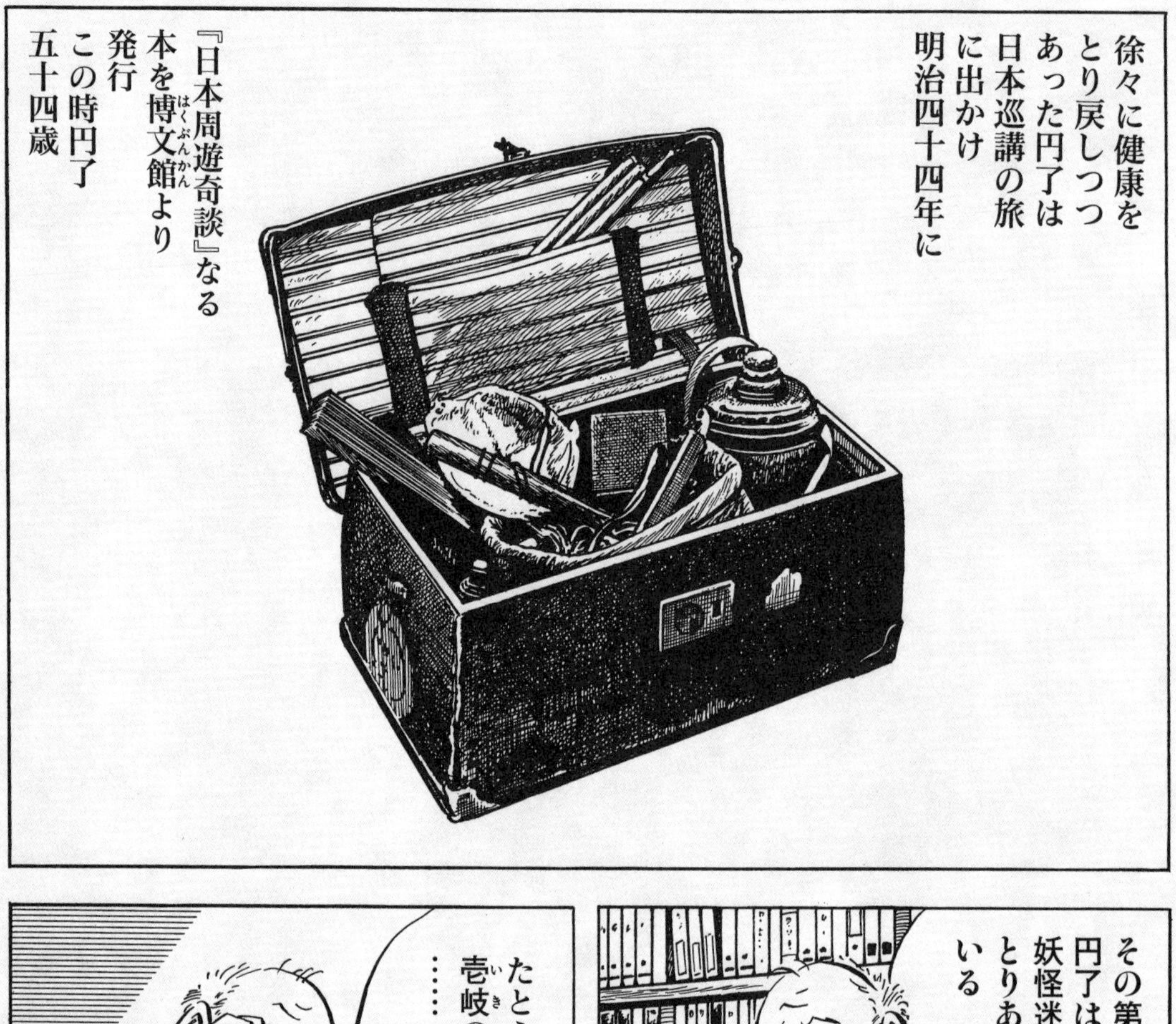
徐々に健康をとり戻しつつあった円了は日本巡講の旅に出かけ明治四十四年に
『日本周遊奇談』なる本を博文館《はくぶんかん》より発行この時円了五十四歳
その第十二類で円了は妖怪迷信をとりあげている
たとえば壱岐《いき》の迷信……
壱岐には狐がいないけれど野狐《やこ》憑《つ》きというのがある
河童《かっぱ》憑《つ》きもある

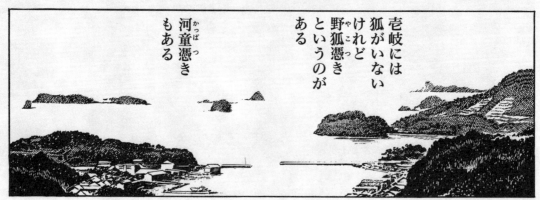

とりわけ田河村《たがわむら》の
狸憑きという怪物は
佐州《さしゅう》の団左衛門《だんざえもん》の
ように妖怪の
巨魁《きょかい》である
そうな
もし村内に
病人があれば
狸憑きに
悩まされているの
だと信じている

また人が
旅立とうと
する場合には
鍋または釜の
ふたを頭の上に頂き
庚申《こうしん》をおがんでから
家を出るのを
きまりとしている

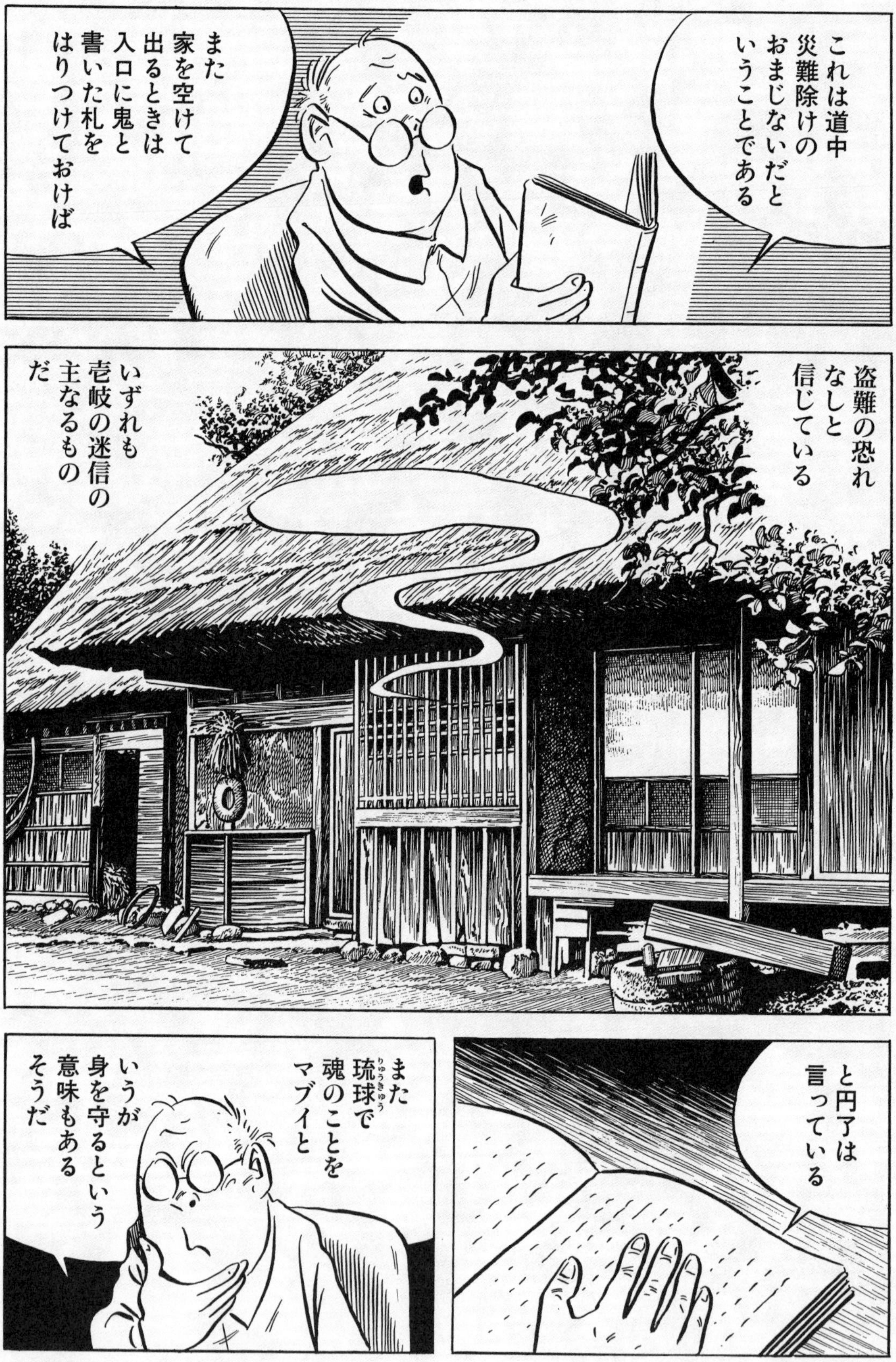
これは道中災難除けのおまじないだということである
また家を空けて出るときは入口に鬼と書いた札をはりつけておけば
盗難の恐れなしと信じている
いずれも壱岐の迷信の主なるものだ
と円了は言っている
また琉球《りゅうきゅう》で魂のことをマブイと
いうが身を守るという意味もあるそうだ

子どもが
山道の途中で
倒れたときは
マブイをユメルと
いって
地から物を
拾い上げて
懐中に入れる
マネをして
これを三回
くり返すのが
きまりである
病気になった
ときには
魂が外に出て
身の守りを
失ったからだと
信じている
また琉球には
ユタといわれる
巫女《みこ》のような
ものが
たくさん
いる

医者の代わりをするのと同じく琉球人は自分の家に病人があればただちにユタにみてもらうことになっている
これは琉球の迷信である
と円了は言っている
ふーん
ここでも円了は迷信を「俗信である」
との一言で片付けてるわけだ
幼少の頃から秀才であったこととといい妖怪や迷信を徹底的に嫌ったこととといい
円了先生はどうやら水木サンとは対極にある人物のようだな

しかし
妖怪話や迷信を
膨大な数
自分で聞き書き
して歩いたという
事実には
脱帽する
ばかりだ
哲学書の類の
著作も膨大だが
それに劣らず
妖怪に関する
著作も数多いと
いうのは
それを否定する
ことによって
啓蒙の一環と
したかったの
だろう
また
彼の著述の動機は
護国、愛理の
二大理想にあった
という
井上圓了著
外道哲學
倫理

明治四十四年四月
横浜港
ボーーッ
井上先生
まずは香港《ホンコン》ですね
それから豪州、南ア、欧州、南米だ
長い旅だな
気をつけてくれ
各地の風教《ふうきょう》をじっくりと視察してくるよ
先生
行ってらっしゃい
気をつけて
それじゃあ行ってくる
ボーッ

こうして円了は
三度目の外遊の
途についた
円了の外遊は
一回目のときから
いろいろな意味で
啓蒙の役を
果たした
というより
彼は
旅行好きだった
目にする
変わった風物
が面白くて
たまらな
かった
第三回の
海外視察は
『南半球
五万哩《マイル》』と
して
記録される
井上圓了編述
南半球五萬哩

ときは明治から大正へと移り大正五年『迷信と宗教』出版
バカ真面目な円了は学生相手に議論していた
迷信を述ぶるには是非とも妖怪の話を交えざるを得ない
何故《なぜ》ならば此の二者はほとんど同一の関係を有し妖怪はすなわち迷信迷信はすなわち妖怪といって宜《よ》いほどである
世間の多くの人は妖怪ならざるものを妖怪と信じている
是《こ》れ已《すで》に迷信である
ナルホド

日本全国に共通するような迷信はあるのですか?
それはいくつかに分けられる
まず怪火、天狗、幽霊、それから妖星、鬼門、方位、
人相、家相、縁起、日柄などだ
随分ありますね
ではいったいその原因とは何なのでしょう
これは八つほど考えられる
まず道理と運命
それから経験論理、偽怪《ぎかい》誤怪《ごかい》、学理そして妖怪だ
中でももっとも憂慮すべきは経験に乏しいため
また論理に暗いためすこぶる多く発生する偽怪と誤怪だ
その偽怪と誤怪の違いというのは……

そうねえ……たとえば偽怪だがこれは三河国《みかわのくに》の話で次のようなものだ
渥美《あつみ》郡田原《たはら》町の古墓に幽霊が出るという噂があった
幽霊なんかいるわけないよ
いやあの墓地にはいかにも出そうなムードがあるぜ
そりゃあきみが臆病なだけさ
そうかなあ
そんなに言うならその幽霊を捕えてみようじゃないの
どうやって？

その古墓を縛ってしまうのさ
そんなことで捕まるかなあ
やってみなけりゃわからんよ
グイッ
そりゃあそうだが
なんならこれから行こうじゃないか
気がすすまねえなあ

おい
大丈夫かぁ
任せて
おけって
幽霊なんか
いるもんか
これだな
!?

うわーっ
出たあ!!
きゃー
おい どうした!?
あわてて逃げて行ったぜ

本当に出たんかナ
怖いけど確かめてみるか
二人が恐る恐る古墓に近づいてみると
あっ小僧だ!!
お前こんな所で何してる!!
ごめんなさいボク人が来ると手拭いで驚かしていただけなんだ
なんだそんな事だったのか

実はいたずら者の小僧が隠れていて手拭いで驚かしたにすぎなかった
それで偽怪か
誤怪というのは……
ある臆病な武士が家路を急いでいると
突然傍《かたわら》の垣根の上から首の長い頭の大きな妖怪が現れた
ギャ

武士は
大いに驚き
刀を抜いて
斬りかかった
すると相手は
真二つになって
地に落ち
武士はあわてて
家に逃げ帰った

翌日
友人を誘って
その場所に行くと
何のことはない
ひょうたんが
二つに切られ
地面に落ちて
いるだけであった

すなわち誤怪とは
妖怪でないものを
妖怪と見留《みと》めた
ことをいうのだ
なるほど
だから
円了先生が
世間から
「お化け博士」と
渾名された
のは
逆説的な
意味だったこと
がわかる
この点でも
「妖怪博士」と
いわれる
水木さんとは
対照的
だナ
円了は
著述と同じくらい
講演を大切にし
あちこちで
弁舌をふるった
大正八年にも
五月に東京を
出発し
中国巡遊の
途に就いた

六月五日　大連《だいれん》
これから皆さんに「戦争の結果と戦後の経営」と題して話してみたいと思います
井上圓了先生講演会
パチパチパチ
え――まず……
ドキッ
うッ!?

ぐ
苦しい……
よろよろよろ
あッ!?
ズダーン
あ――先生ッ!!
大丈夫ですかッ!!

講演は中止だ!!
誰か早く医者を呼べ!!
ざわ
ざわ
脳溢血《のういっけつ》ですな 絶対安静を保つように
はい
いま注射を一本打っときましたから
こうして一時小康状態を保った円了だが……

翌六日の
午前二時四十分
ガクッ
せ、
先生!!
円了
先生!!
シィーン
御臨終
です
無阿弥陀佛
遺体は大連の
東本願寺別院に
安置された
円了六十一歳で
あった

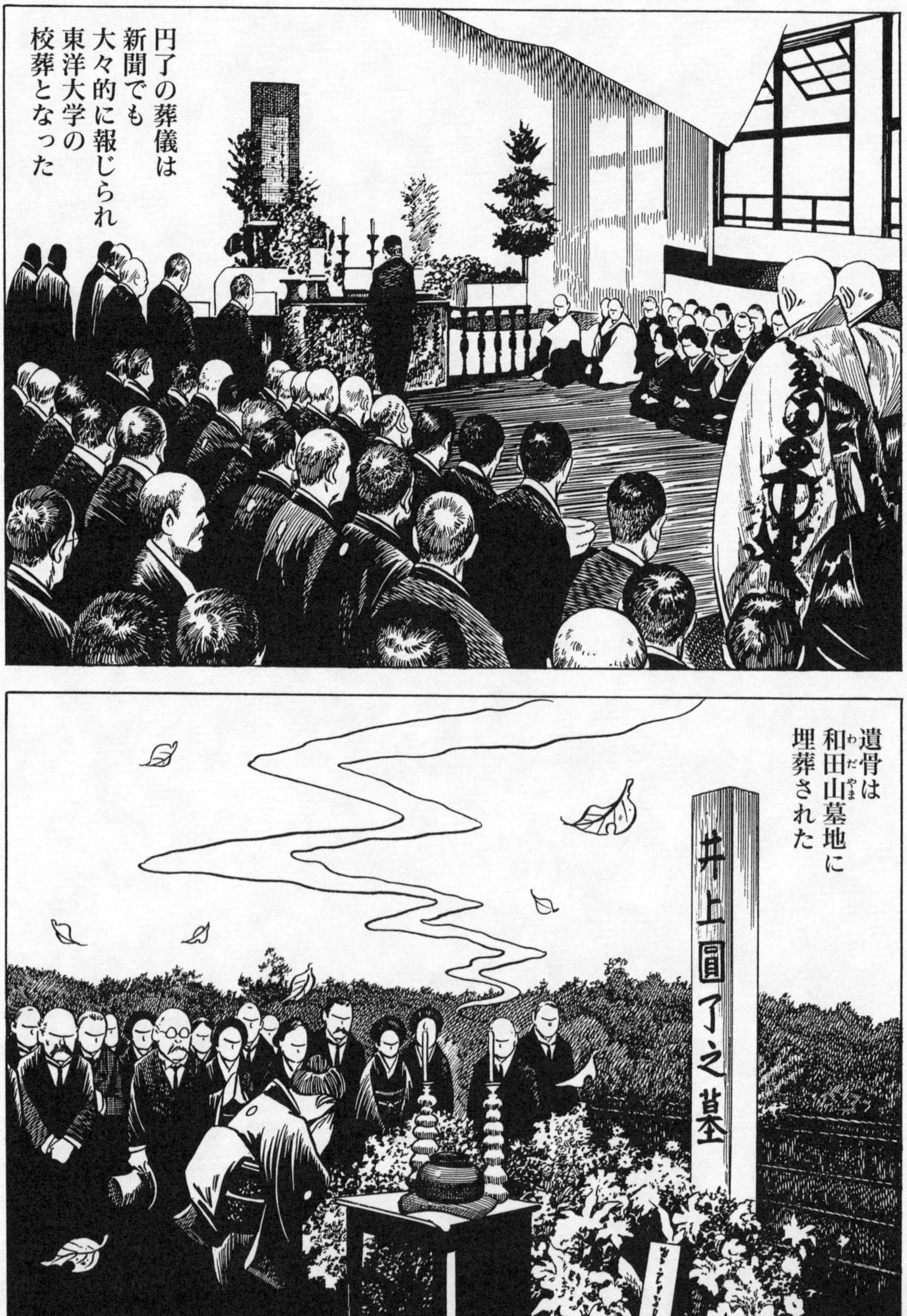
円了の葬儀は
新聞でも
大々的に報じられ
東洋大学の
校葬となった
遺骨は
和田山《わだやま》墓地に
埋葬された
井上圓了之墓

その死後
当時の友人、知人
らが
円了を追悼し
一冊の本を出版
したが
その本の中には
円了が「お化け博士」
だったと語る人は
いない
井上圓了先生
皆が皆
偉い哲学者
あるいは大学の
創始者として
円了を讃えて
いる

しかし現在でも井上円了著としてその著作を読むことができるのは
『妖怪学』をはじめとする妖怪に関する本ばかりだ
円了先生は民俗学的手法で妖怪と幽霊
退治を行ったわけだが
その存在を徹底的に否定し続けただけに身近には
いつも妖怪がいたのだナ
井上圓了之墓

神秘家列伝　不思議庵主 井上円了　完

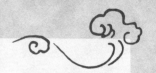

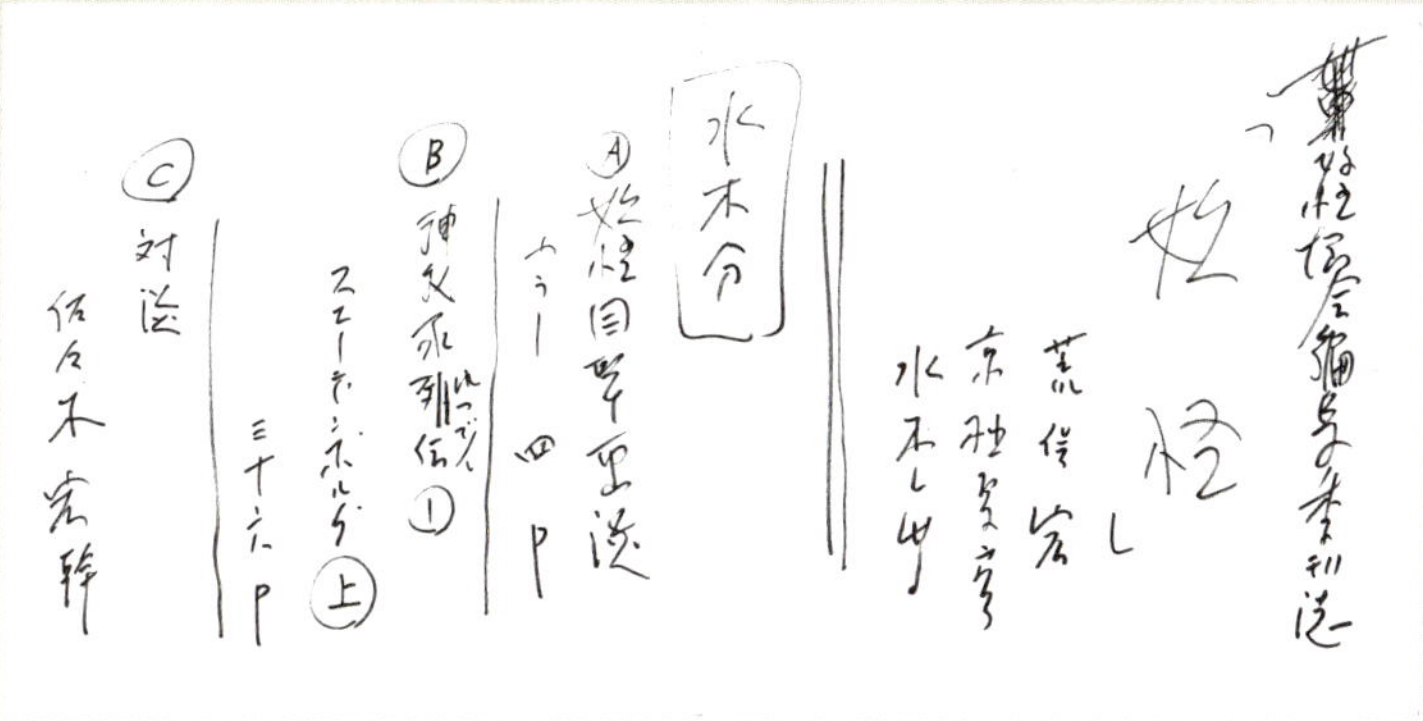

世界妖怪協会編集季刊誌
「妖怪」
荒俣宏
京極夏彦
水木しげる
水木分
Ⓐ妖怪目撃画談　カラー　四P
Ⓑ神秘家列伝①　スウェーデンボルグ上　三十六P
Ⓒ対談　佐々木宏幹

水木による「世界妖怪協会編集季刊誌」のメモ

水木しげる（みずきしげる）

本名、武《む》良《ら》茂。一九二二年三月八日生まれ。鳥取県境港市で育つ。太平洋戦争時、激戦地であるラバウルに出征、爆撃を受け左腕を失う。復員後、紙芝居画家となり、その後貸本漫画家に転向。一九六五年、「別冊少年マガジン」に発表した「テレビくん」で第六回講談社児童まんが賞受賞。一九九一年に紫綬褒章、二〇〇三年に旭日小綬章を受章。二〇一〇年、文化功労者に選定。代表作に「ゲゲゲの鬼太郎」「日本妖怪大全」「河童の三平」「悪魔くん」など。二〇一五年十一月三十日、死去。

◉水木しげるは、自身が中心となって設立した世界妖怪協会の機関誌をも企画・立案し、1997年に角川書店から『季刊 怪』として刊行開始された。その創刊号から2004年まで、全17回にわたって連載されたのが「神秘家列伝」シリーズである。

「神秘家列伝」は、当時70代だった水木が、古今東西の〝神秘家〟たちについて、その生涯と業績を漫画で探訪する読み切り連作として描かれた。「昔から、神秘家の話をよくきくが、一体どこまで本当なのか、あまり分からなかった」「どうも百パーセント信じられないものだから、もっぱら観察をしていた」「長年の観察の報告みたいなもの」と、連載第1回の時に著者自ら述べている（「神秘家列伝について」より）。

◉また、「自分のために描くんです。自分が興味ある方へ行くんです。出版社がこれこれこういうのを描いてくれといっても、興味がなかったら出来ない」とも語っていて（以降、水木の言葉は水木しげる漫画大全集『神秘家列伝 上・中・下』講談社刊、月報に収録のインタビューより）、水木本人が興味をもった人物のみを取り上げたことがうかがえる。

◉作中にも水木しげるがキャラクターとして登場し、井上円了と水木は対極にある人物、というセリフを語らせているが、その反面、「変わり者ということでは共通でしょう」「どっちにしても普通の人と比べると、ちょっとおかしいね」「おかしいという意味では、共通点は多いんですよ」ともインタビューで答えており、どの点で似ているかを尋ねられると、「普通の人が信じないことを信じるとか、他の人はあまり注意していないことを叫ぶんですよ」と、そのスタンスの違いと類似点について自ら考察している。

◉「神秘家列伝」シリーズについて、残されたメモなどから、水木は『季刊 怪』の企画段階の早い時期から構想を温めていたとみられ、この連載にかける情熱が垣間見えるとともに、水木にとって特別な意味を持った作品群であることも想像できる。その連載の中盤で登場した『不思議庵主 井上円了』も、水木しげるにとって「観察」に値する、「感受性が高い人」の一人だったのだろう。

text　編集部

私たちの目の前にある自然そのもの

——井上円了の妖怪学講義

柴田隆行

〈妖怪と言えば井上円了〉と言われた時代がかつてありました。井上円了は、明治二十年（一八八七）刊の『妖怪玄談』を始めとして、『妖怪学講義』全六巻、『通俗絵入　妖怪百談』『おばけの正体』『天狗論』、そして生前最後の著作『真怪』というように、まさに〝妖怪博士〟の名に恥じない数多くの著作を残しました。しかしながら、井上円了の妖怪学は近代合理主義で妖怪を退治するつまらないものとの見方をいまも耳にします。はたしてつまらないものでしょうか。

井上円了が生きた明治の人びとは、吉か凶か、縁起が良いか悪いか、たたりか厄か、さらに、幽霊だ、天狗だ、キツネやタヌキのしわざだ、鬼神がついている、などなど、さまざまな俗説や迷信その他多くの妖怪談によって、冠婚葬祭、出産、就職、その他ありとあらゆる日常生活がふりまわされ、妖怪出現はまさに死活問題となっていました。そこで、円了は全国各地を講演して歩きながらさまざまな妖怪現象を記録し次のように分類しました。

天変、地異、奇草、妖鳥、怪獣、異人、鬼火、蜃気楼、竜宮の類などに関する「理学部門」、人体異状や癲癇からヒステリー、食い合わせなどに関する「医学部門」、前兆、予言、陰陽、五行、さらに天気予知法や人相、家相、方位などに関する「哲学部門」、幻覚、妄想、夢、天狗、コックリ、催眠術などに関する「心理学部門」、生霊、死霊、人魂、悪魔、前生、地獄、祟、厄払い、祈禱などに関する「宗教学部門」、遺伝や胎教、記憶術の類に関する「教育学部門」、そして怪物、火渡り、魔法などに関する「雑部門」がそれで、これ

「こっくりさん」

Table Turningとして海外でも知られる占い。「狐狢狸」と当て字。心理現象。

柴田隆行
（しばた・たかゆき）

東洋大学社会学部教授。哲学史・社会文化思想史専攻。主著『シュタインの社会と国家』2006年、『シュタインの自治理論』2014年、ともに御茶の水書房刊。『哲学・思想翻訳語事典　増補版』（共編著）2013年、論創社。

『賢学草子』（部分）
僧（賢学）を長者の娘が蛇に姿を変えて追う光景。

「三峯山護符」
御神体の狼は農作物を害獣から守る大神として尊崇された。

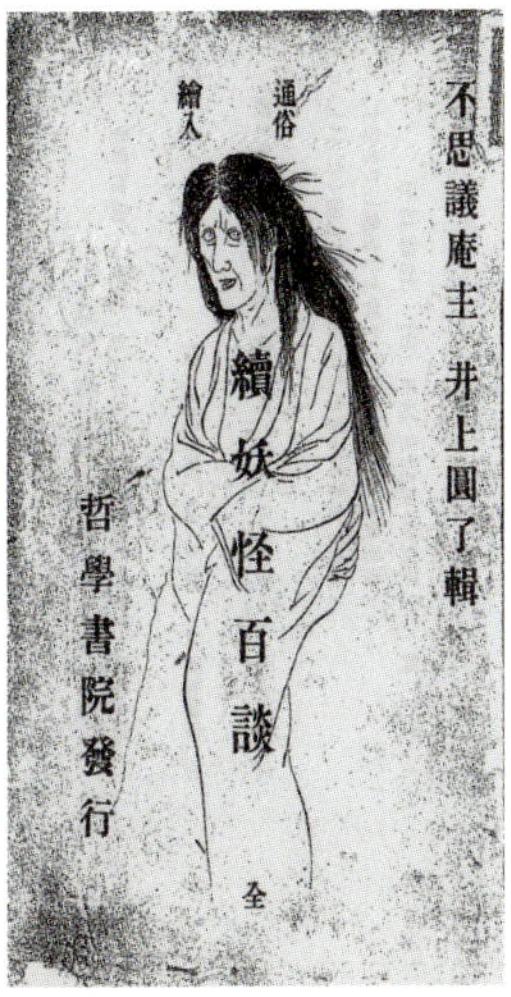

『続妖怪百談』
表紙絵は幽霊だが、出現対象が限定される幽霊と妖怪とは区別される。

らを集大成した『妖怪学講義』は二千ページを超える大作となり、当時の風俗や民衆意識を知る貴重な記録となっています。

円了はさらに妖怪をつぎのように分けました。人がわざと行うにせの妖怪（偽怪）、たまたま前後して起きた現象を妖怪と思い込んだもの（誤怪）。この二つは実際には存在しないので「虚怪」と名づけられます。これに対して自然界で実際に起こりうる不思議な現象は「仮怪」と名づけられ「虚怪」と区別されます。これらの妖怪はその原因を科学的に解明できるものです。いわゆるフェイクニュースは偽怪で、日蝕や食い合わせなどは誤怪や仮怪でしょう。しかし、どんなに調べても、どんなに論理をつくしても、どうしても解けない不可思議なことがこの世には存在するのではないでしょうか。円了はこうした不可思議な存在を「真怪」と名づけました。

井上円了は、この世のありとあらゆるものが妖怪であり、太陽も月も星も、風や雨、山や川もみな妖怪だと言います。同時に、太陽や月や星、山や川、動物や虫や魚も、木や草や竹や苔もみな私たちにとって教師でないものはないとも言います。私たちの目の前にある自然そのものが妖怪であり、したがってまた、私たちはそうした妖怪からさまざまなことを学ぶことができる、と円了は言うのです。それにしても、私たちは自然から何を学べと言うのでしょうか。

言葉を絶する大きな人的被害を与えた東日本大震災とそれに付随して起きた福島原発事故は、私たちに改めて自然と人間との関係を問い直させました。幽霊の存在や、人が狐に妖かされる話、河童伝説などは科学的に説明がつけられるかもしれません。だがそれにもかかわらず、なお多くの人がいまだに妖怪の存在を信じています。それはかつてのように教育が行き届いていないためとは言えません。そもそも人はこの世から妖怪が消滅することを望んでいるのでしょうか。もしそれを望んでいるのであれば、幽霊も狐妖も河童伝説もとうの昔に消滅しているのではないでしょうか。人は幽霊や狐妖や河童伝説を通して、むしろこの世の合理的でタダモノ論的な生活から一時的にせよ脱け出そうとしているのかもしれません。『ゲゲゲの鬼太郎』や『妖怪ウォッチ』の人気は、近代合理主義や物質的豊かさとは別の、井上円了が「真怪」と名づけた、大きく深い自然へのあこがれと関係があるのではないでしょうか。

井上円了妖怪学著作一覧

- **『妖怪玄談』** m20、著作集第一九巻
- **『妖怪学』** m24-25、著作集第二一巻
- **『妖怪学講義緒言』** m26、著作集第一六巻
- **『妖怪学講義』** m29、著作集第一六〜一八巻
- **『妖怪研究の結果』** m30、著作集第二〇巻
- **『通俗絵入 妖怪百談』** m31、著作集第一九巻
- **『妖怪学講義録』** m31、著作集第二一巻
- **『通俗講義 霊魂不滅論』** m32、著作集第一九巻
- **『通俗絵入 続妖怪百談』** m33、著作集第一九巻
- **『妖怪学雑誌』** m33、著作集第二一巻
- **『迷信解』** m37、著作集第一九巻
- **『日本周遊奇談』** m44、著作集第二四巻
- **『おばけの正体』** t3、著作集第二〇巻
- **『迷信と宗教』** t5、著作集第一九巻
- **『天狗論』** t5、著作集第一九巻
- **『真怪』** t8、著作集第二〇巻

妖怪学講義

妖怪玄談

妖怪玄談
第2集 狐狗狸の事

井上円了の世界旅行

真理を追究する旅
——井上円了の世界旅行

ライナ・シュルツァ

井上円了の青年期読書録を検討すると、十五歳（一八七二年）で洋学を学び始める前に、福沢諭吉の『西洋事情』や、『地球説略』などのような漢籍も読んでいたことが分かります。

『地球説略』は、アメリカ人のプロテスタント伝道師Richard［Quarterman］Way 褘理哲（一八一九～一八九五）が漢文で著したものが一八五六年中国の寧波で発行され、後に蕃書調所《ばんしょしらべしょ》の蘭学者箕作阮甫《みつくりげんぽ》（一七九九～一八六三）がこれに訓点を加えて、一八六〇年に幕末の江戸で翻刻されました。円了が、このような当時貴重な本を見る機会があったのは、十一歳から十四歳まで（一八六九～一八七二）の少年円了を教えた、旧長岡藩校講師の木村鈍叟のおかげであったのではないかと推測されます。

『地球説略』では、地球円体説が説明されているだけではなく、この本によって、円了は初めて密度の高い世界地図を眺めることができました。更に、汽車や汽船の挿絵も、若い円了に深い印象を与えたことは十分想像できます。

円了は東本願寺の末寺の長男として生まれ、一八七一年、十三歳の時得度しました。一八七二年、日本の最初の近代的な学校制度が導入されたことにより、円了は一八七三年長岡で英語授業を受けることができました。

一方、同じ一八七二年には、廃仏毀釈の風潮がまだ冷めやらなかったこともあり、維新政府の教部省が、宗教政策として、仏教の須弥山中心の世界観を教えることを禁止しました。

このように、住職の後継者であることと、近代的教育に育まれた学生であることとの間に挟まれた円了は、後に少年時代について次のように回顧しています。

「余が心ひそかに仏教の真理にあらざるを知り、顧を円にし珠を手にして世人と相対するは一身の恥辱と思い」と。

長岡洋学校で洋学を二年間学ぶ間、円了は英文の地理学教科書を何冊も勉強する機会に恵まれ、当時の最先端の地図も閲覧できました。David M. Warren の『A System of Physical Geography』には、それぞれの大陸が気候学、動物植物学的に紹介されているだけではなく、緒言では、地動説や太陽中心説も説明されています。また『Cornell's First Steps in Geography』の中では、円了が数年後に自分の目でも見ることになる、イギリスの国会議事堂であるPalace of Westminsterのような印象深い建築の挿絵も見ることができました。

長岡洋学校時代の一八七五年、十七歳の青年円了は、次の漢詩を残しています。

「已生天下昇平世　又遇文明開化時　男子早成中外学　可謀富国強兵基」（すでに天下昇平の世に生まれ、又た文明開化の時に遇う、男子つとに中外の学を成し、富国強兵の基を謀るべし）（新田幸治、長谷川潤治、中村聡編訳『甫水井上円了漢詩集』三文舎、二〇〇八年、六十頁）

近代の文明が平和と真逆に先例のない残酷な戦争をもたらした、という人類の悲劇も思い出せますが、平和への理想に燃える若き円了の思いとともに、漢詩の最後の二行に注目してみましょう。

「国に貢献するために、青年が海外へも学びにいく」という意味は、維新政府が一八六八年十五歳の明治天皇に神々に誓約させた「五箇条の御誓文」の第五条とも一致しています。

「智識ヲ世界ニ求メ大ニ皇基ヲ振起スベシ」

より広く解釈すると、世界的、または宇宙的（universal）真理を追究することが、なおかつ国の保護にもなるという、円了の哲学的スローガン「護国愛理」にも通じるのではないでしょうか。

円了が教団から京都へ呼ばれた一八七七年、仏教の伝統的な宇宙観、つまり九山八海の須弥山説を弁護し、近代科学の世界観に反対する学僧運動がまだ続いていました。当時十九歳の円了は、すでにこのような保守的な破邪顕正にもう関心がなかったことは、想像に難くありません。

それゆえでもあるのでしょうか、円了が京都に到着してから八ヵ月後、東京大学へ西洋の経験的学問を学ぶために派遣されました。東京大学を卒業した直後に著した円了の対話式傑作『哲学一夕話』（三巻、一八八六～一八八七）では、真理の対応説が次のように説明されています。

ライナ・シュルツァ
（Rainer Schulzer）
哲学博士。東洋大学情報連携学部准教授 基礎教育哲学担当、井上円了研究センター研究員、国際井上円了学会理事。ベルリン・フンボルト大学での哲学兼日本学修士号と哲学博士号をもつ。著書に『Inoue Enryō: A Philosophical Portrait』（SUNY Press, 2019）
研究分野は比較哲学、倫理学、哲学的人間学。

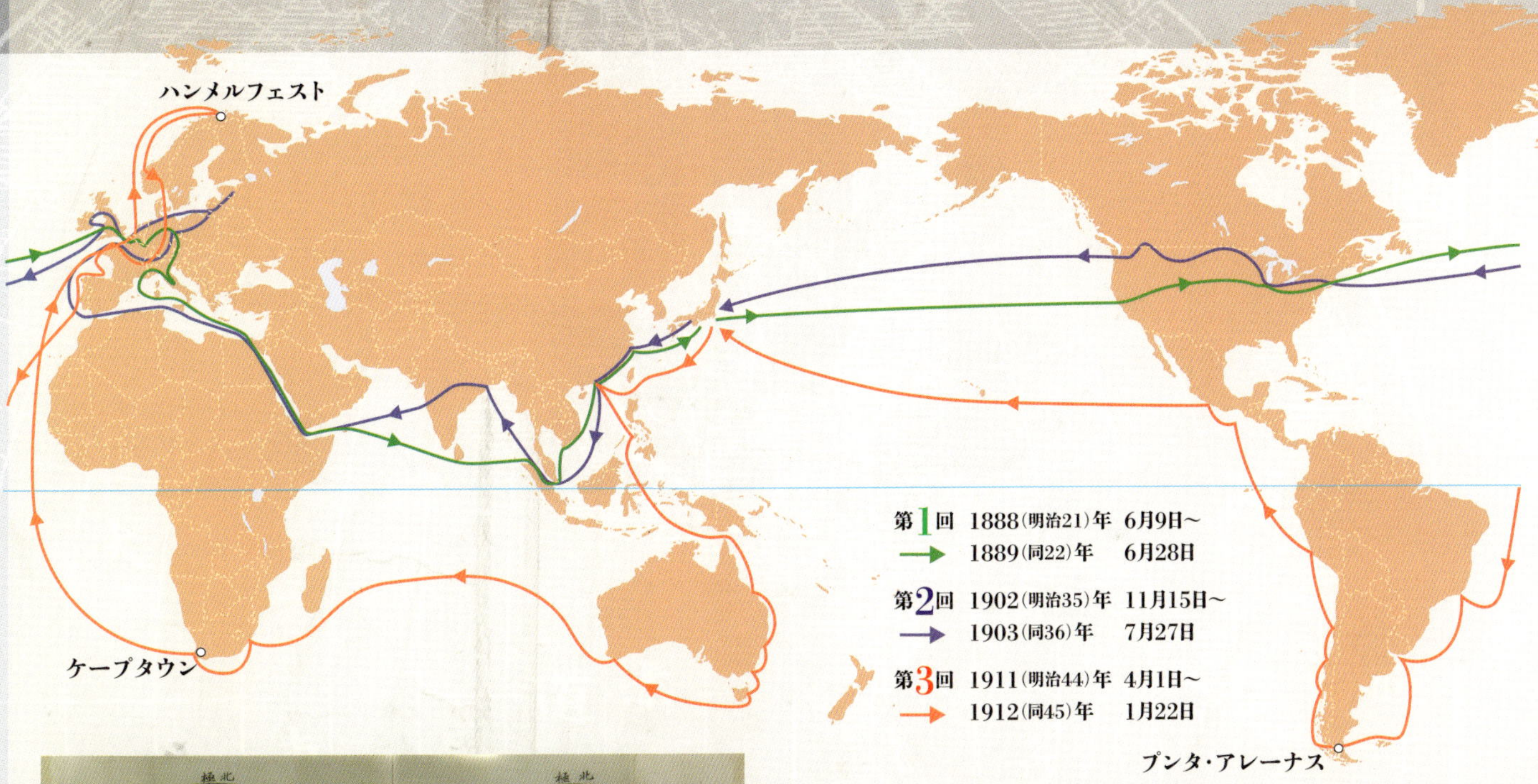

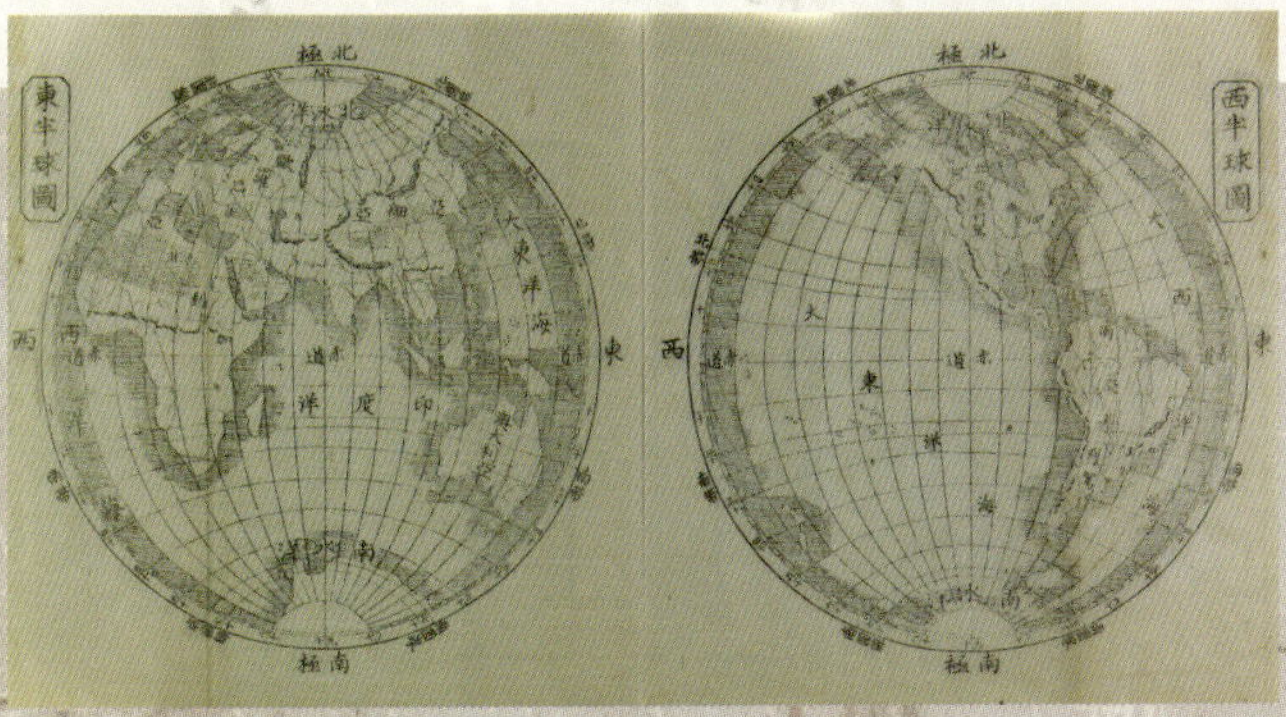

『地球説略』所収
「東半球圖」「西半球圖」禕理哲著　箕作阮甫訓点　老皀館　万延1（1860）年
長崎大学附属図書館蔵。

宇宙的

「経験と論究の相合したるもの真理にして、相合せざるもの非真理なり。例えば地体の球円にして一周すべきを推想するは論究なり。これを一周してその球円なるを実視するは経験なり」

マゼラン探検船隊の最後の船舶一隻がスペインに戻って、歴史上初の世界周航を完成した一五二二年、ヨーロッパの知識人の間で地球円体説はもう定説でありましたが、地図学においては、マゼラン探検船隊が与えた影響は多大なものでした。特に太平洋の規模は、それまで知られておらず、平和的（pacific）大洋という太平洋の現在の名前は、実はフェルディナンド・マゼラン（一四八〇～一五二一）の命名です。

円了は一八八八年、三十歳で自身の最初の世界旅行に出発しました。一八七一年から一八七三年の岩倉使節団と、ほぼ同じ経路で東回りで世界一周をしています。

岩倉使節団に倣った円了の主な目的は、西洋の国々を視察することでした。しかし、円了は、岩倉使節団に度外視された西洋の諸宗教と、その組織について知りたかったのです。円了の志した仏教改良は、教理の哲学的体系を提唱することにとどまらず、西洋現地の知識を以て、育児院、貧民学校などの設立を求めるような、仏教の組織的な近代化に関する具体的な提案も著しました。

円了の第二回世界旅行は、一九〇二年から一九〇三年（四十四～四十五歳）まで行われました。二回目の北半球一周は、西回りでインド内陸の仏教聖地も訪ねています。

また、西洋の視察では、主に教育制度を見て回りました。学校法人東洋大学の前身となった、幼稚園から大学を経て生涯学習に至る包括的な私立学園組織を設立することが、円了の計画であったからです。

一九一一年から一九一二年（五十三歳）、円了は第三回の世界旅行で南半球の視察を行います。第一回と第二回の旅行に比べ、円了が日本社会の近代化、または日本の国益への貢献をどのように狙ったかは明らかではありませんが、日本の南半球への発展の可能性を視野に入れていたことは、帰国後に著した著作から推測できます。

円了の第三回世界旅行の面白いところとして、経路の縦横無尽さが挙げられます。まず円了は、オーストラリア経由で、南アフリカを目指しました。更に、ケープタウン市からは、北方のヨーロッパに向かって進み、世界最北の町とされているノルウェーのハンメルフェスト市まで至って北極に近づきました。また南方向に旅して、世界最南の都市とされたチリのプンタ・アレーナス市まで、今度は南極にもできるだけ近づいています。そして、プンタ・アレーナス市からマゼラン海峡を抜けてハワイ島経由で帰国したのでした。

北半球や南半球のみならず、最北や最南の人間の居住地を含めて、地球全体を自分の目で見ようという願望には、近代の世界地図を初めて眺めた少年円了のロマンティックな精神をうかがえることでしょう。

井上円了ゆかりの地を旅する

現代に残る円了の軌跡

◉新潟編◉

井上円了が出生してから十九歳で
京都の東本願寺へ出るまでを過ごした、
新潟県長岡市周辺。
ここにも円了の息遣いを
今も色濃く残すスポットが各所に存在する。
そんなゆかりの土地に暮らす人々に、
お話を伺って廻った。

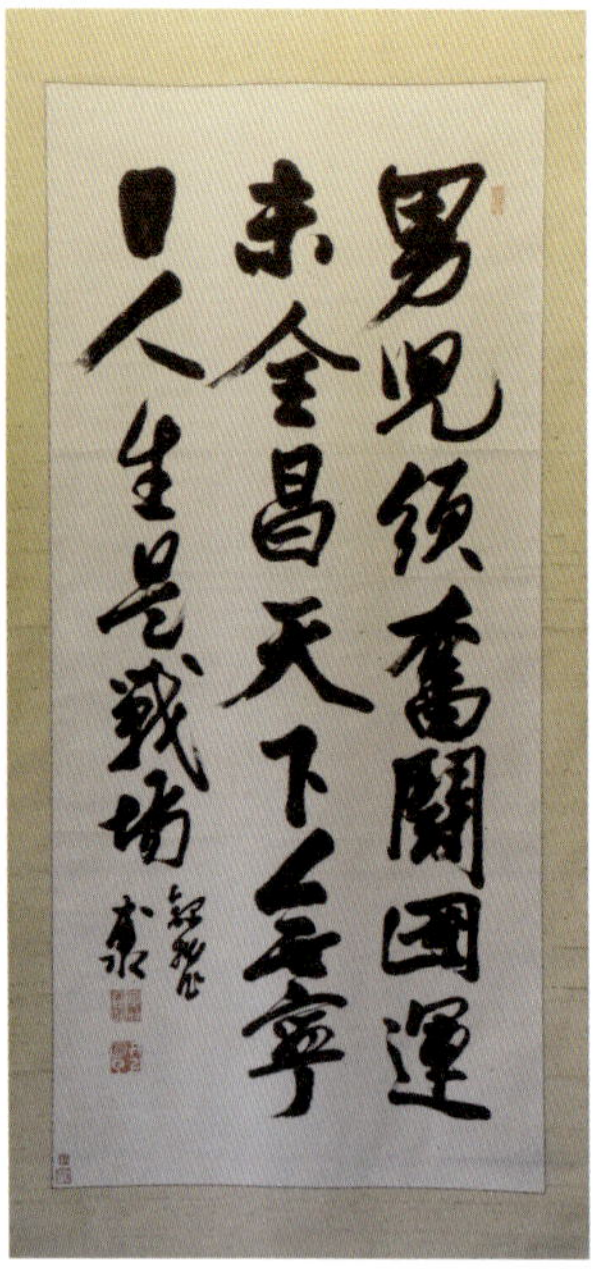

慈光寺が蔵する円了の書。もともとあったものではなく、平成時代に東洋大学の書道の先生から寄贈されたもの。

十八代住職となる井上円司さん。

慈光寺の門前に建つ生家を示した記念碑。

今に残る井上円了の生家

◉真宗大谷派　大巌山慈光寺

新潟県長岡市浦6436　☎0258-92-2165

円了は明治維新の十年前にあたる安政五年（一八五八）、越後国長岡藩西組浦村——現在の新潟県長岡市浦にある慈光寺で、父円悟と母いくとの間に長男として誕生した。

慈光寺は円了が生まれた年で創建二百年という歴史ある寺で、江戸時代前期の万治元年（一六五八）にはじまるという（それよりも以前からあったとする説もある）。

一般的に寺の長男は寺を継ぐことが当たり前とされ、円了も幼いころから次期住職になるべく勉学に勤しんだが、結果的に寺を継がなかったことは周知の通り。代わりに十五代目の住職として慈光寺を任されたのは、次男の井上円成だった。

「私の祖父、つまり十六代目にとって、円了さんは伯父にあたるんですけど、祖父は伯父という表現を使わず、常に博士とよんでいましたよ。片田舎のお寺にあって、博士を出したというのはこの上ない名誉だったと思うんです。そういうこともあって、この寺の十五代住職は円了さんが継ぐべきだったのに——というような話は、祖父からは一切聞きませんでしたね」

そう語るのは、十八代住職の井上円司さん。

祖父からは円了の具体的なエピソードをとくに聞かなかったそうだが、祖母からはたびたび「円了さんはビールが好きでね」などと、好物の話を聞かされたという。

円司さんの祖母は十五代住職となった円成の妻の妹で、祖父の許嫁として姉と一緒に慈光寺へとやってきたそうである。そのため円了とは面識があり、幼かった円司さんにそんな思い出話を語れたのだろう。

それにしても、寺の長男が跡を継

text, photo 村上健司

がないということは、当時の状況では大事件だったに違いない。

円了が寺を継ぐ気がないことを手紙で父親に伝えたことはよく知られているが、円司さんによれば、同様の手紙を当時檀頭を務めた高橋九郎という人物にも出していたという。寺のことはもちろん、次期住職となる円了を経済的にも精神的にもバックアップした人物で、寺を継ぐ意思がないと知らせた円了とは相当もめたらしい。それでも最終的には納得して、哲学館の創立時には当時としては大金の三百九十円もの寄付をするなど、良き理解者となったそうである。

「そんなわけで寺は円了さんの弟の曾祖父が継ぐことになったんです。うちにも長男がいますけど、この長男が〝お父さん、やっぱり寺は合わないわ〟といいだしたら、今でもそれは大変ですよ。ですから当時の親御さんは相当な苦労をしたのは間違いないでしょうね」

円司さんの話を聞いていると、没後百年を経ても、慈光寺では円了を単なる郷土の偉人としてではなく、身近な親戚として親しんでいる様子が窺えた。こうした敬愛の念は、これからもきっと受け継がれていくことだろう。

慈光寺の本堂は円了がいたころから大きくは変わっていないという。

幼いころの円了もこの本堂を仰ぎ見たのだろうか。

コラム ゆかりの地＋《プラス》

井上円了頌徳碑

新潟県長岡市浦6280　越路河川公園隣

慈光寺の近く、信濃川の河川敷に広がる越路河川公園の一郭には、円了の徳をたたえる井上円了頌徳碑が建っている。五メートル以上はありそうな高い塔がとても印象的。

これは東洋大学創立七〇周年記念事業の一環で昭和三十二年（一九五七）に建立されたもので、塔の下にある碑文には、円了の生い立ちや業績などが簡潔に刻まれている。

もともとは越路橋のたもとにあったが、東洋大学創立100周年の際に、現在地へ移設されたという。

若き円了の学び舎

◉新潟県立長岡高等学校

新潟県長岡市学校町3－14－1　☎0258－32－0072

地元や生徒たちから〝長高〟の愛称で親しまれる新潟県立長岡高等学校は、県内でも有数の進学校だ。

明治五年（一八七二）に創立された長岡洋学校が起源というから、その歴史は古い。

明治時代は欧米の近代的な学問や科学技術が積極的に導入された時期であり、とくに北越戊辰戦争後の復興を急ぐ長岡ではその気運が盛んで、長岡洋学校は旧長岡藩士らの尽力によって開校したという。

明治七年（一八七三）には県の学校改革によって新潟洋学校から改称した新潟学校の分校となり、新潟学校第一分校と名を改めた。

そして円了の卒業以降、いくつかの名称変更を経て、昭和二十三年（一九四八）に学制改革によって新潟県立長岡高等学校が生まれたのだった。

さて、同校には和同会なる生徒会がある。この組織を立ち上げたのが誰あろう円了その人。在学中の明治九年（一八七六）に発足させた有志による組織で、生徒間の親睦を深めるとともに、演説や討論の稽古を目的とした。その際、『論語』から引用し、校内の生徒たちの融和を図るため、あえて〝和して同ずる〟という意味から円了自らが和同会と命名した。

この〝和して同ずる〟について、校長の宮田佳則さんは次のように語る。

「本校には伝統精神が三つあるんです。気性は大きくさっぱりとという意味の豪爽快活、それから旧長岡藩の気風だった、身体はたくましく心は素直にという意味の剛健質樸。そして和同会の由来になった和而不同——和して同ぜずは、人と仲よくしながらも自分の生き方や考え方を大切にするという意味。この三つを機会あるごとに生徒の前で話をしています。もとは〝和して同ずる〟なんですが、その後『論語』に従って〝和して同ぜず〟にしたようですね」

円了があえて〝和して同ぜず〟にしなかった理由は前述したが、時代の変化とともに修正が加えられてきたのだろう。

和同会は明治時代中ごろには活動内容を刷新し、いわゆる一般的にいう生徒会へと生まれ変わった。

現生徒会長の上杉晟さんによれば、主な活動は和同祭（文化祭）など各行事の運営、よりよい学校生活を送るための目安箱の活用などがあげられ、「全校の代表として活動する面が多いので、しっかりと広い視野を持ち、全校のためを思って真摯に取り組むということは、先輩たちから受け継いでいます」とのことだった。

円了が掲げた精神は、しっかり息づいているようである。

新潟学校第一分校時代の円了が写った写真。右側から数えて四番目が十代のころの円了。

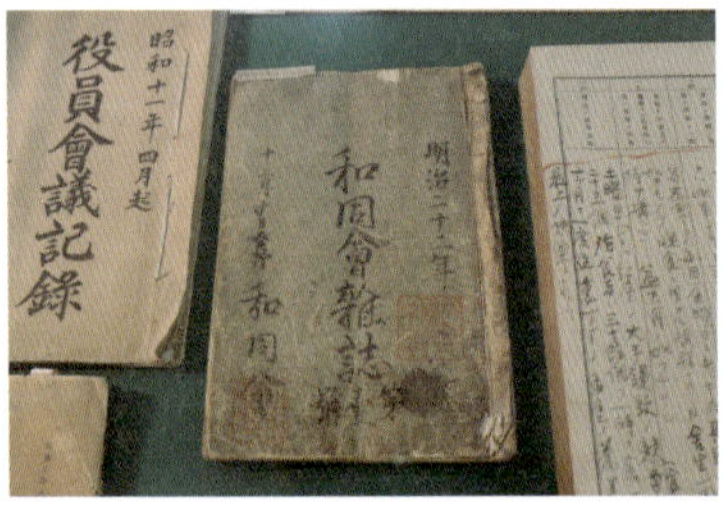

円了が携わった『和同会雑誌』第一号。初期は手書きによる冊子だった。

昭和三十年代の『和同会雑誌』。題字は円了の揮毫によるもの。『和同会雑誌』は現在一五八号まで刊行されている。

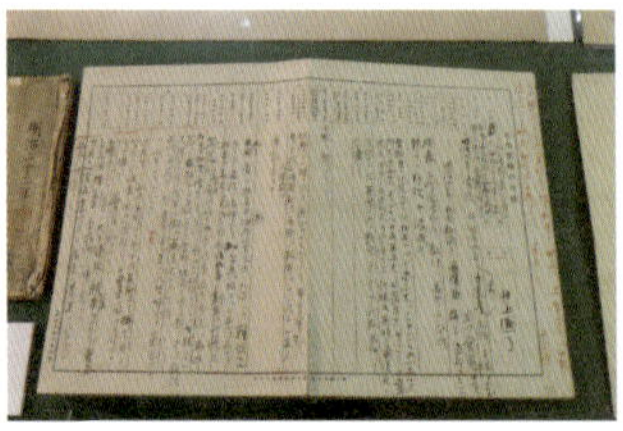
大正5年（1916）に卒業生と関係者が記述した回想録が作成され、その際の「在学当時の母校」と書かれた用紙には、円了自らが和同会設立の趣旨などを書き記している。

校舎に隣接する長岡高校記念資料館では、円了にまつわる貴重な品々の他、同校の歴史的資料を展示公開している。
（入館料／無料　開館時間／月曜～金曜10時～15時。土日祝は休館だが団体のみ予約可
問い合わせ／☎0258-33-5114）

宮田佳則校長と現生徒会長の上杉晟さん。煉瓦造りの門柱が印象的な正門は、二〇一一年に国の登録有形文化財（建造物）に指定された。

円了が名付けた銘酒「清泉《きよいずみ》」

◉久須美酒造
新潟県長岡市小島谷1537-2
☎0258-74-3101
（酒蔵の見学・小売りは受け付けておりません）

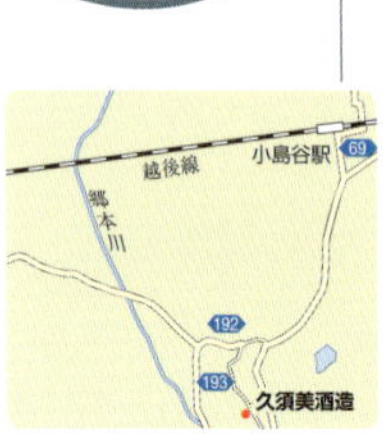

新潟県は良質な米を産する米処であるとともに、酒処としても有名で、とくに長岡市は県内で最も多く蔵元を有する日本酒の名産地なのだという。そんな長岡市の蔵元で世界的な評価を受けているのが、「清泉」のブランドで知られる久須美酒造なのである。
日本酒の通でないかぎりあまりピンとこないかも知れないが、『夏子の酒』のモデルになった蔵元といえば、膝をたたく人も少なくないはずだ。
六代目当主・久須美記廸《のりみち》さんが、幻となっていた〝亀の尾〟なる米を復活させ、亀の尾仕込みの「亀の翁」を商品化したのが昭和五十八年（一九八三）。その五年後、この話をモチーフとした『夏子の酒』（尾瀬あきら作）が『モーニング』（講談社）で連載され、平成七年（一九九五）にはフジTVでテレビドラマ化されると、折からの地酒ブームもあって「亀の翁」は爆発的な人気を得た。
また、二〇一六年には世界的に有名なアメリカのワイン評論家による

コラム ゆかりの地＋《プラス》
長岡市立越路小学校
新潟県長岡市浦270
☎0258-92-3151

井上円了生誕の地ちかく、長岡市浦にある長岡市立越路小学校では、小学六年生を対象にした〝円了学習〟なる授業を実施している。井上円了頌徳碑の清掃をはじめ、慈光寺、長岡高校記念資料館、東京の東洋大学を訪ねて、円了の人柄や業績を学習するというもの。このような取り組みは、郷土の偉人に誇りを持てるような取り組みは、長く続くことが望まれる。

全国八〇〇銘柄の評価点数が発表され、そこで「亀の翁　三年熟成」が最高点を獲得するなど、久須美酒造の酒は世界に認められることになったのである。

「そもそも私どもの屋号は清水になるんですが、敷地の裏山から清冽な水が湧き出ていまして、それが屋号の由来になっているんですね。それで、もともと二代目の作之助が井上円了博士と親交がありまして、この水をもとに井上博士が私どもの看板酒に〝清泉〟と命名して下さったと伝えられているんです」

そう教えてくれたのは、七代目当主の久須美賢和《よしたか》さん。

久須美酒造の創業は天保四年（一八三三）になるそうで、もともとの主力ブランドは「金水」と称したという。明治十八年（一八八五）にはサンフランシスコで開催された世界大博覧会に「金水」を出品し、見事に名誉賞牌を受けている。このエピソードからは、久須美酒造の清酒が当時から世界的にも通用する銘酒だったことが窺えるのと同時に、円了が「清泉」と名付けたのはこの年以降ということが分かるだろう。

ともあれ、美味なる酒を醸すには、良質な水がなくてはならない。久須美酒造の裏山から湧く清水は、年間を通して十二度から十三度と一定しており、硬度は二・二三、pH七・〇という軟水で、酒造りには好条件の水質なのだとか。〝酒屋の清水〟として新潟県の名水にも指定されており、そのまろやかな水質から、県内のホテルや料亭をはじめ、遠く京都の料理人も水を汲みにくるという。

「この水は裏山の杉林が育んだものなんです。ですので、夏場には従業員とともに杉林の下草を刈るなどして、水を守っているんですよ。下草が腐ると水が悪くなりますから。除草剤ですとか肥料ですとか、そういったものも一切使えないんです」

裏山に掘った横井戸から集めた水は、酒造りはもちろん、関係する器具の清掃などにも使っている。その水量は豊富だ。しかし、二〇〇四年七月の新潟大水害では裏山が土砂崩れを起こし、同じ年の秋には中越地震に見舞われ、創業当時からの蔵二棟と二十基ものタンクが全壊。水源となる杉林の存在も危ぶまれたが、必要最小限の補強工事でなんとか危機は免れた。さらに二〇〇七年七月の中越沖地震でも蔵や事務所が損壊するなど、自然災害に襲われることが続き、そのたびに経営努力で持ちこたえてきたという。

ここ最近は裏山にホタルが飛ぶようになり、久須美さんはようやく復興を実感しはじめたそうである。

円了もその目で見たであろう〝清い泉〟は、このように今も大切に守り続けられている。

久須美酒造の七代目当主となる久須美賢和さん。

敷地内のかつて事務所に使われていた建物には、当時の電話番号を示すプレートが。ちなみに〝一番〟は役場だったそうだ。

清冽なる水を育む杉林。二〇〇四年の水害の際には斜面が崩れたが、幸いなことに水が涸れることはなかった。補強工事のあとが痛々しい。

久須美酒造前の田んぼでは、六代目の久須美記廸さんが復活させた幻の米・亀の尾が栽培されている。「亀の翁」の材料となる米だ。

巨大な羽釜と桶は米を蒸すための道具で甑《こしき》とよばれるもの。久須美酒造での酒造りは、昔ながらの道具にこだわった工程が少なくない。

清酒清泉のラインナップ。左から純米吟醸、新酒米〝越淡麗〟を使った純米吟醸 越淡麗、大吟醸 生貯蔵酒。こだわりの米と水で仕込んだ美酒ぞろい。ちなみに久須美酒造では、品質管理の関係から小売り販売や工場見学などは一切行っていない。購入は酒類販売店で。

久須美酒造、初夏・秋・冬の三景。

井上円了コレクション

「無官無位非僧非俗妖怪道人円了」

text 村上健司

旅行鞄

巡講の際に使用したと思われる旅行鞄。
革製の頑丈な作りになっている。

帽子

生前の円了が愛用していた帽子。
旅行の際に使用したのだろう。

墓石形煙草入れ

木製の墓石が煙草入れで、座した骸骨が付いた卒塔婆は根付。墓石部分に書かれた「俗名　煙草入居士」「南無阿弥陀仏」「明治四十二年　三月吉日　かくなりはてし姿をみれば」「骨かくす　かわにわたれも　まよふらん」という墨書きは円了によるものか。
（中野区立歴史民俗資料館蔵）

煙草入れ

鬼の顔がデザインされた煙草入れ。鬼の顔は絵ではなく寄木細工になっている。当時は刻み煙草が主流だったため、こうした箱に煙草の葉を入れて持ち歩いた。

明治二十三年（一八九〇）にはじめて行った講演旅行を皮切りに、全国津々浦々を訪ね歩いては講演を重ねてきた井上円了。さらに全国巡講に先駆ける明治二十一年（一八八八）には、教育事情などを視察するため約一年かけて欧米諸国を巡り、同様の海外視察は都合三度に及んだ。

まさに旅のエキスパートだったわけだが、旅の目的が哲学館および哲学堂への資金提供のよびかけや、海外での教育や宗教に関する視察だったことを考えると、物見遊山的な雰囲気はあまりなかったものと想像できる。

しかし、旅先では考古・民俗・民族資料や、珍しい生活雑貨などを入手する機会があったらしく、それなりに楽しみもあったようである。

円了はそうして手に入れた記念物を、哲学堂の六賢台や無尽蔵などに収蔵し、一般に公開してきた。

また、若いころから勉強熱心だったこともあり、身銭を切って買い求めた内外の書籍といったものも、万という単位で哲学堂内の図書館・絶対城に蔵していた。今となっては貴重な資料ばかりで、現在の研究者たちも恩恵にあずかることが珍しくない。

ここでは東洋大学の井上円了研究センター、附属図書館、中野区立歴史民俗資料館に収蔵されたものを中心に、今日までに残された円了のコレクション、愛用品、それから自著の類いを、少しだけ覗いてみることにしよう。

（特記以外、東洋大学井上円了研究センター蔵）

筆立て（髑髏形、牙形）

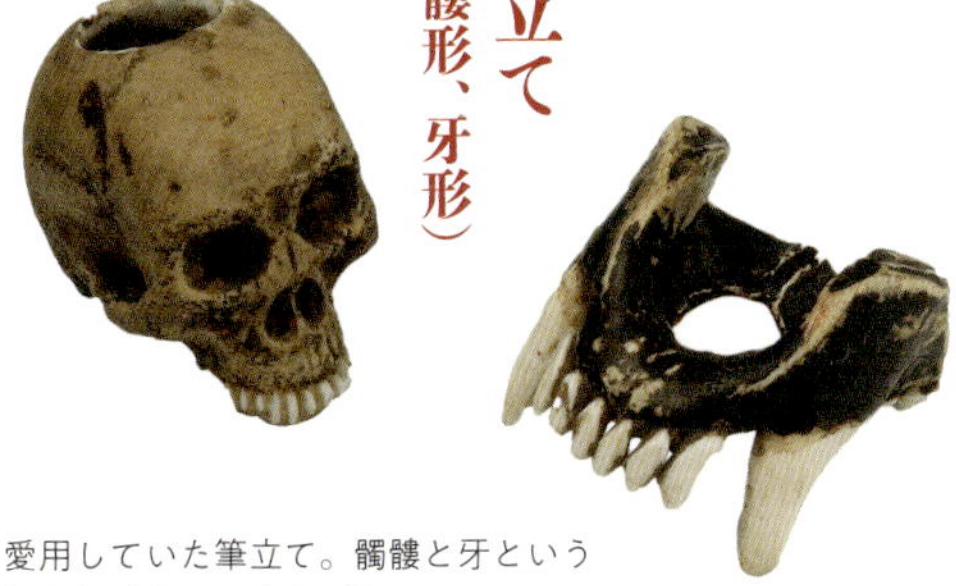

愛用していた筆立て。髑髏と牙という怪奇趣味溢れる意匠が円了らしい。

筆

巡講先などでの揮毫で使用した筆。
「猛虎一聲　広島県加茂郡川尻村　北川新三郎謹製」と刻まれている。

印章

揮毫の際などに使用された落款印の一つで、「無官無位非僧非俗　妖怪道人円了」とある。側面に明治43年（1910）冬と刻んである。

硯

朱液が残ったままとなった硯。
牡蠣殻の付いた石を加工したものか。

稿録

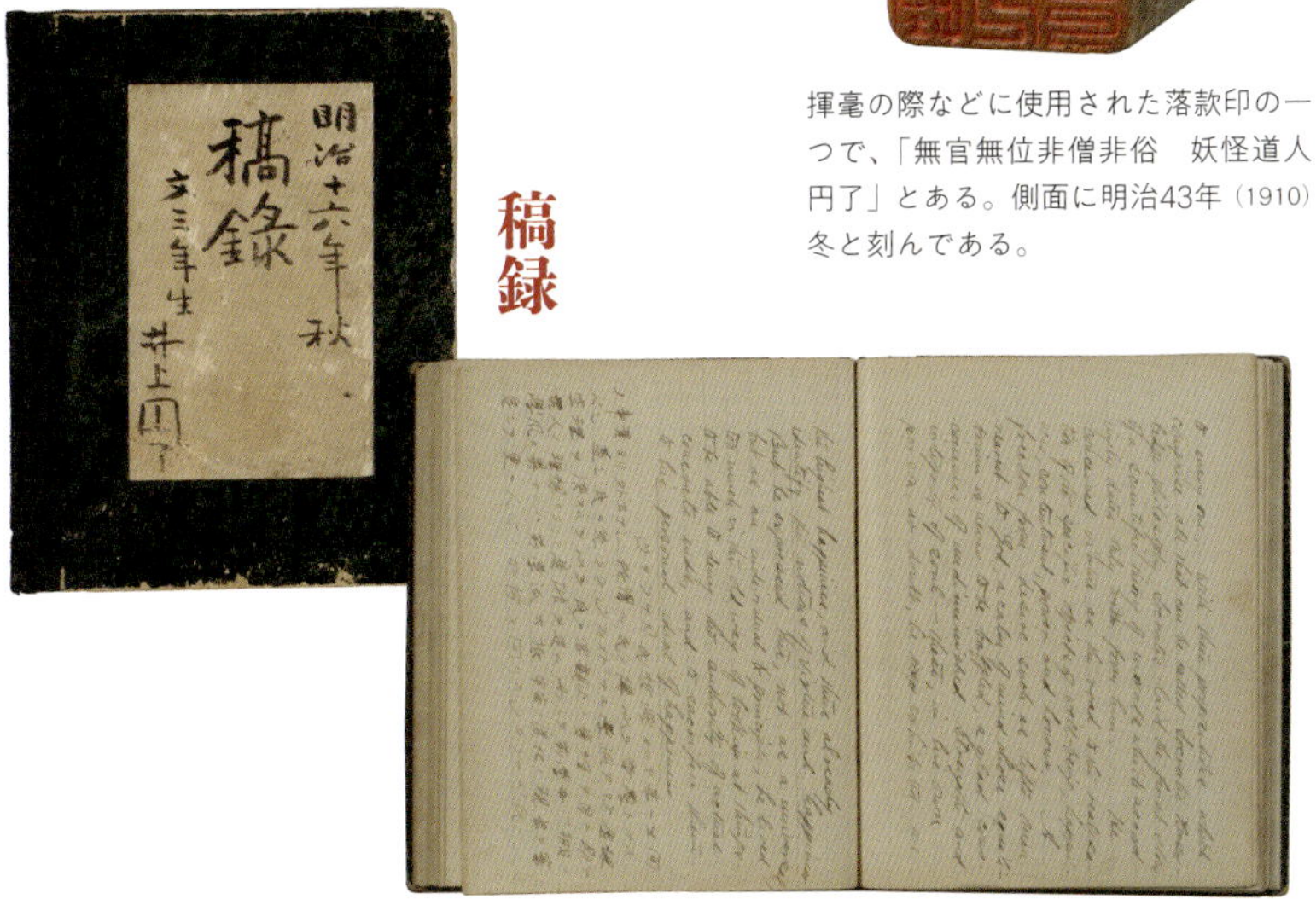

明治16年（1883）、25歳の円了が東京大学に通っていたときの直筆ノート。哲学に関する書籍や講義のメモなどをすべて英文で記している。（東洋大学附属図書館蔵）

海外視察記録ノート

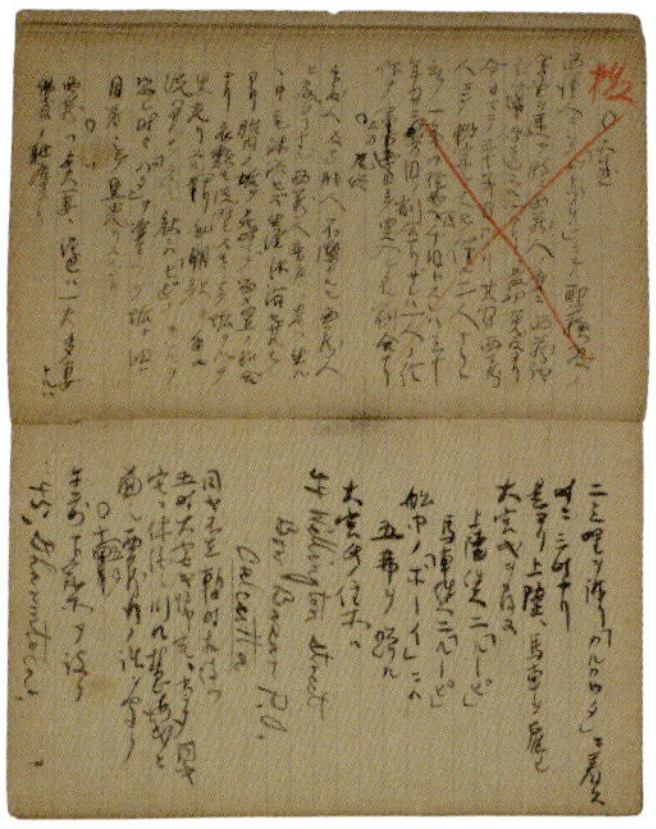

明治35年（1902）年11月に出発した二度目の海外視察での記録ノート。この記録をもとにして旅行記『西航日録』を執筆したと推測されている。

妖怪学研究ノート

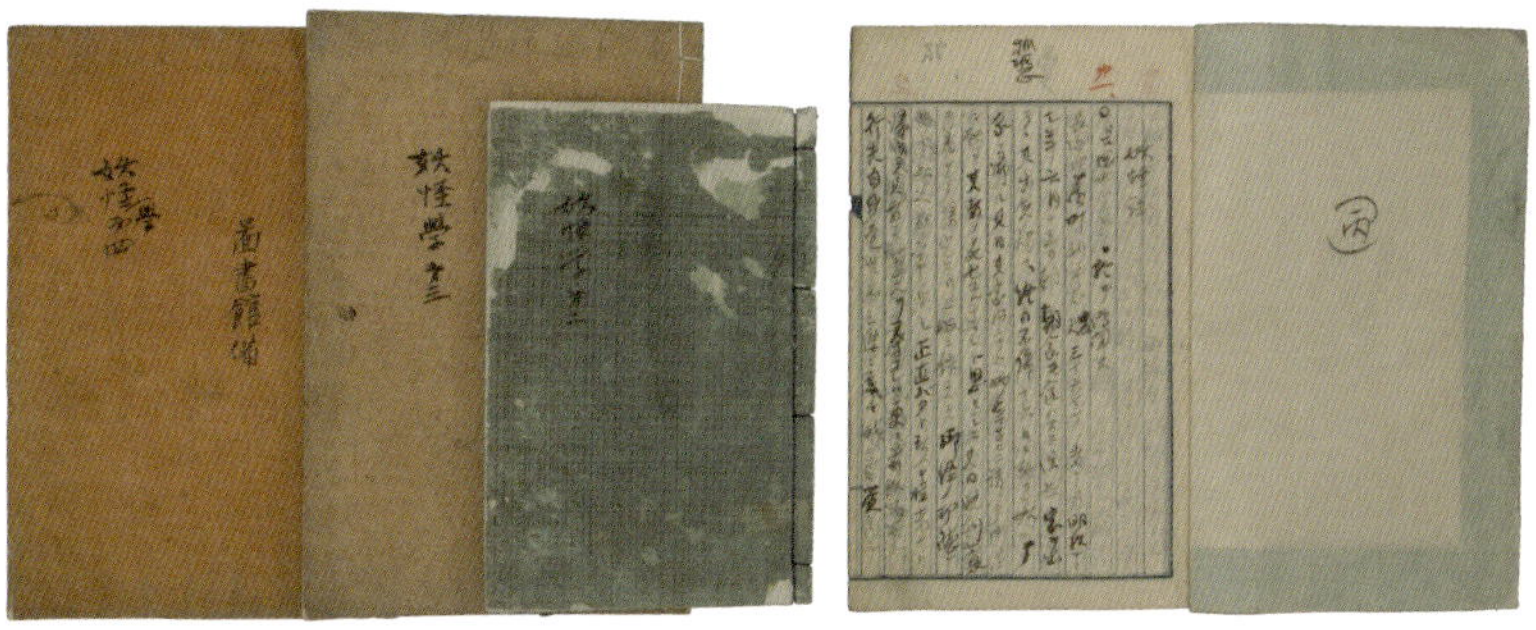

明治10年代からはじめた妖怪学に関する研究ノートであり、妖怪の定義や収集した資料などを記す。後の『妖怪学講義』はこのノートを参考にまとめたものという。

台湾仏像

媽祖像と推定される台湾の神仏像。台湾に住む哲学館の支援者から寄贈されたもので、この像の写真を『妖怪学雑誌』に掲載した際の円了は、台湾では仏像として崇拝されるものの本当に仏像とよぶものかどうかは分からないとしている。（中野区立歴史民俗資料館蔵）

哲学飛将碁

囲碁、将棋、チェスなどを参考にして円了が考案したゲーム。遊ぶことで哲学と親しめるように工夫がされている。明治23年（1890）には遊び方を解説した『哲学飛将碁指南』も出版された。

こっくり様の木

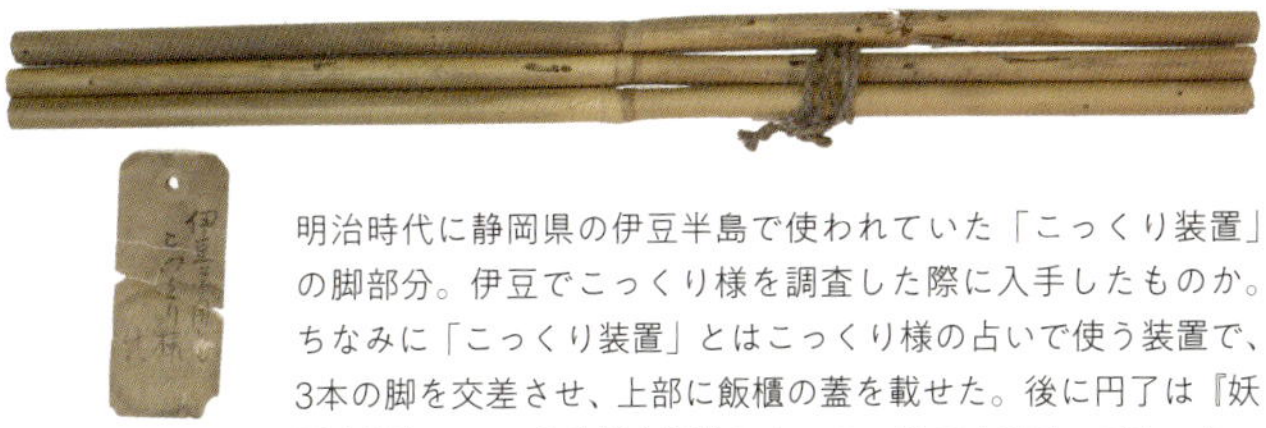

明治時代に静岡県の伊豆半島で使われていた「こっくり装置」の脚部分。伊豆でこっくり様を調査した際に入手したものか。ちなみに「こっくり装置」とはこっくり様の占いで使う装置で、3本の脚を交差させ、上部に飯櫃の蓋を載せた。後に円了は『妖怪玄談』でこっくり様を西洋の占いの一種であるテーブル・ターニングを真似たものと結論づけている。（中野区立歴史民俗資料館蔵）

四聖像

橋本雅邦画。哲学堂の四聖堂に祀られる釈迦、孔子、ソクラテス、カントを描く。橋本雅邦は明治期の日本画家で、伝統的な狩野派の技法に遠近法など洋画の要素を取り入れるなど、革新的な画家として知られている。

閻魔像

哲学堂の無尽蔵に置かれていたもので、制作者、年代は不明。哲学堂を手がけた建築技師・山尾新三郎が寄贈。『哲学堂ひとり案内』で円了はこの像を〝哲学堂の国宝的宝物〟と絶賛している。(中野区立歴史民俗資料館蔵)

天狗像

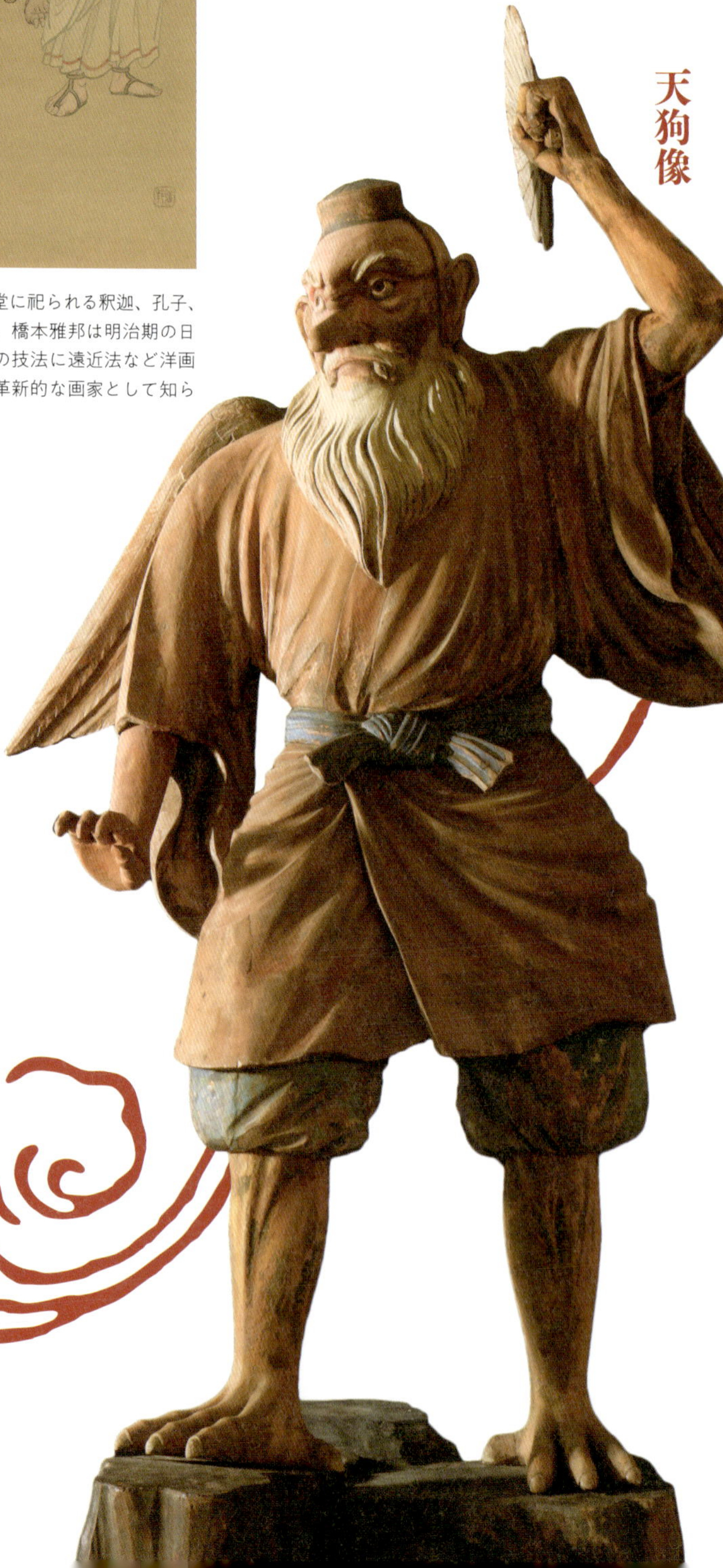

幽霊図

渡辺秋渓による女の幽霊画。渡辺秋渓は京都府立画学校教授を務めた四条派の画家。円山応挙に代表される幽霊画とは異なり、まるで蛙のような顔をしたユーモラスな絵柄になっている。円了はこうした幽霊画も、研究のための資料として入手していた。

哲学館講義録
第六学年度　三十七冊

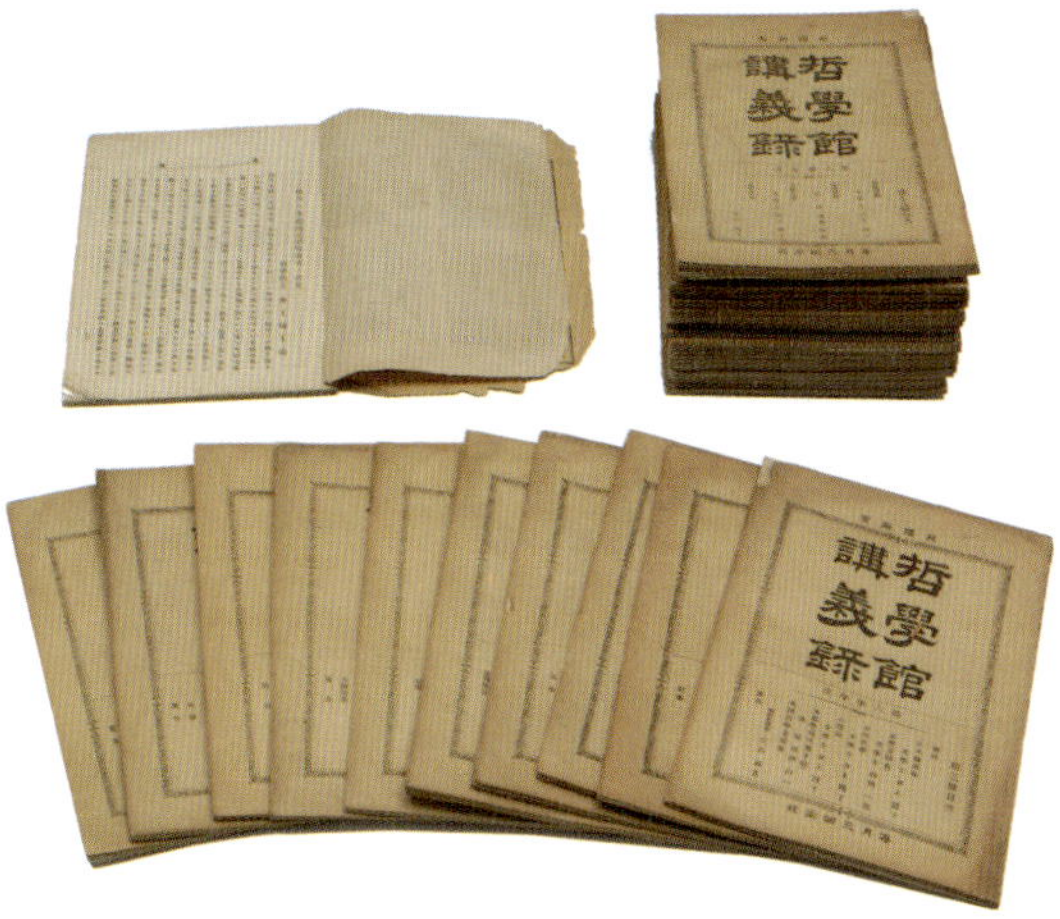

哲学館では明治21年（1888）より講義を筆録してまとめた『哲学館講義録』を月に3回刊行し、諸事情から哲学館に通えない者に送付していた。今でいう通信教育の走りである。写真の37冊は明治25年（1892）11月から翌年10月にかけて刊行されたもので、号外を1冊含む。

哲学一夕話
第一篇～第三篇

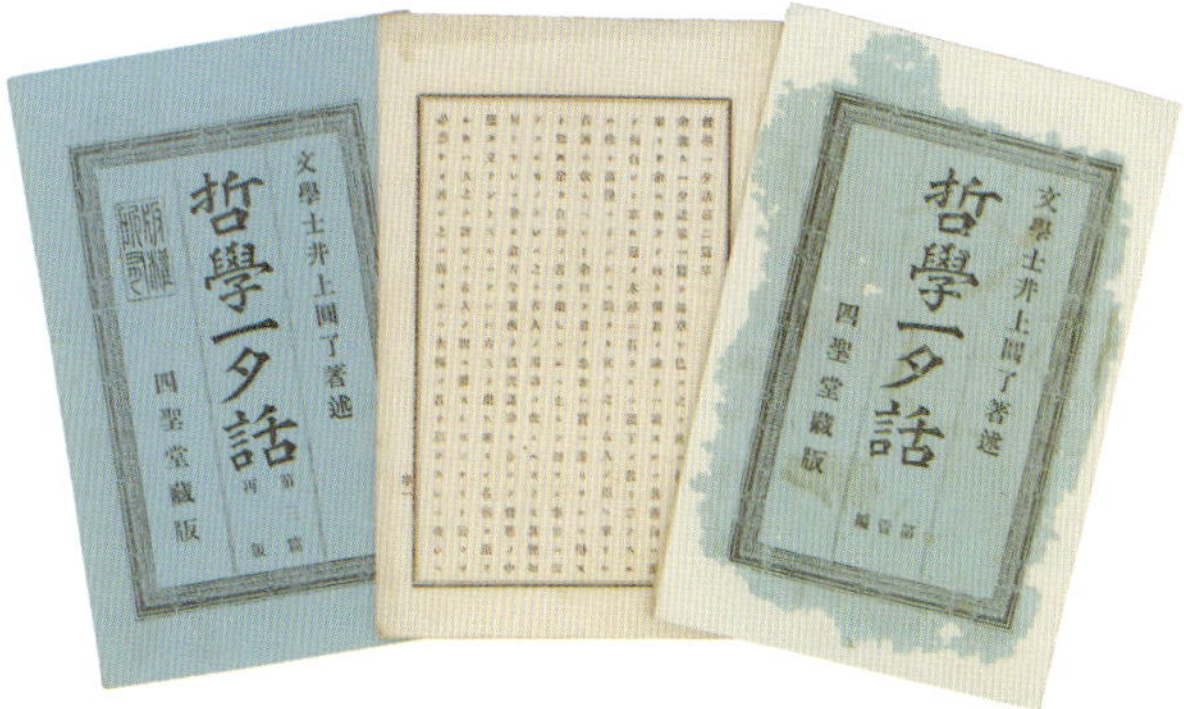

円了がはじめて手がけた哲学の入門書。明治19年（1886）7月から明治20年（1887）4月にかけて出版された。日本を代表する哲学者・西田幾多郎は、若いころにこの本を読んで哲学に興味を持ったという。

幽霊像

彫刻家の田中良雄による幽霊像と天狗像（右ページ）。哲学堂の哲理門に置かれていた像だが、破損が激しかったため2018年に修復され、それを機に中野区立歴史民俗資料館で保存されることになった。現在の哲理門にはレプリカが設置されている。（中野区立歴史民俗資料館蔵）

南半球五万哩

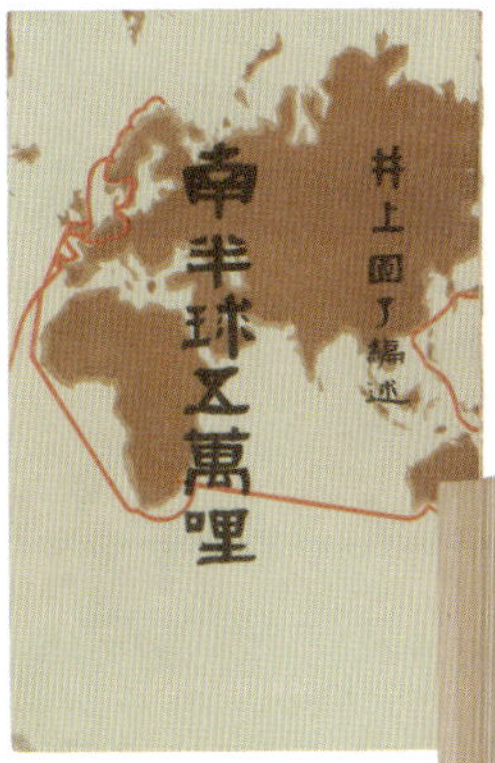

円了は明治44年（1911）4月から約1年かけて、オーストラリアや南米などを巡った。『南半球五万哩』はその3度目となる海外視察の旅行記。

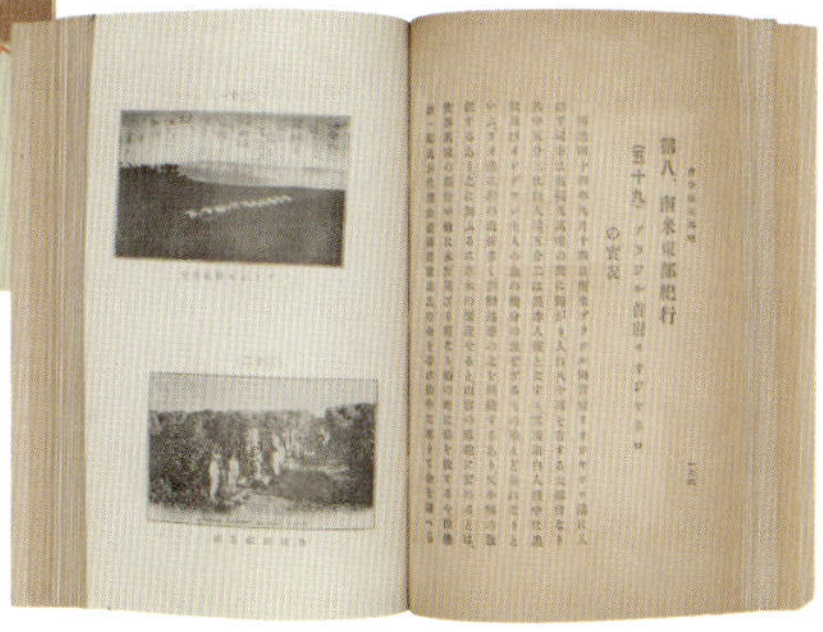

真怪

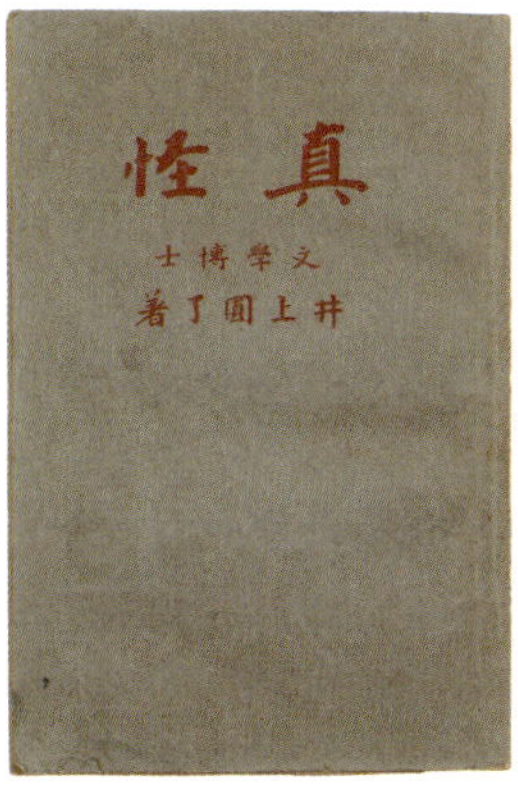

大正8年（1919）3月に発行された、円了の最後となる著書。円了の妖怪学の最終章ともいえる。

こうしたコレクションは円了にまつわる企画展などで展示されることがあるが、基本的には各施設で大切に保存されているので、目にする機会はそう多くはない。しかし、中野区立歴史民俗資料館と、東洋大学井上円了記念博物館では、それぞれの所蔵資料について、その一部を公開している。

中野区立歴史民俗資料館には、井上円了の常設展示コーナーが設けられ、今回掲載した資料を含めた円了ゆかりの収蔵品が見学できる。

東洋大学の白山キャンパス内にある井上円了記念博物館では、コレクション品、愛用品、出版物や直筆の書といったものの他、円了の生涯や業績をわかりやすく解説したパネルも豊富。円了のことをもっと知りたい方は、足を運んでみてはどうだろう。

東洋大学井上円了記念博物館

住所	東京都文京区白山5-28-20 東洋大学白山キャンパス5号館1階 TEL 03-3945-8764（博物館直通）
開館時間	月曜日～金曜日9時30分～16時45分、 土曜日9時30分～12時45分
休館日	日曜、祝日、年末年始、 その他大学の定める休業日
入館料	無料

山﨑記念 中野区立歴史民俗資料館

住所	東京都中野区江古田4-3-4 TEL 03-3319-9221
開館時間	9時～17時（入館は16時半まで）
休館日	月曜日、毎月第3日曜日、 年末年始（12月28日～1月4日）
入館料	無料

（【注意】リニューアル工事のため2020年3月31日まで休館しています）

する」——井上円了の最期

text 村上健司

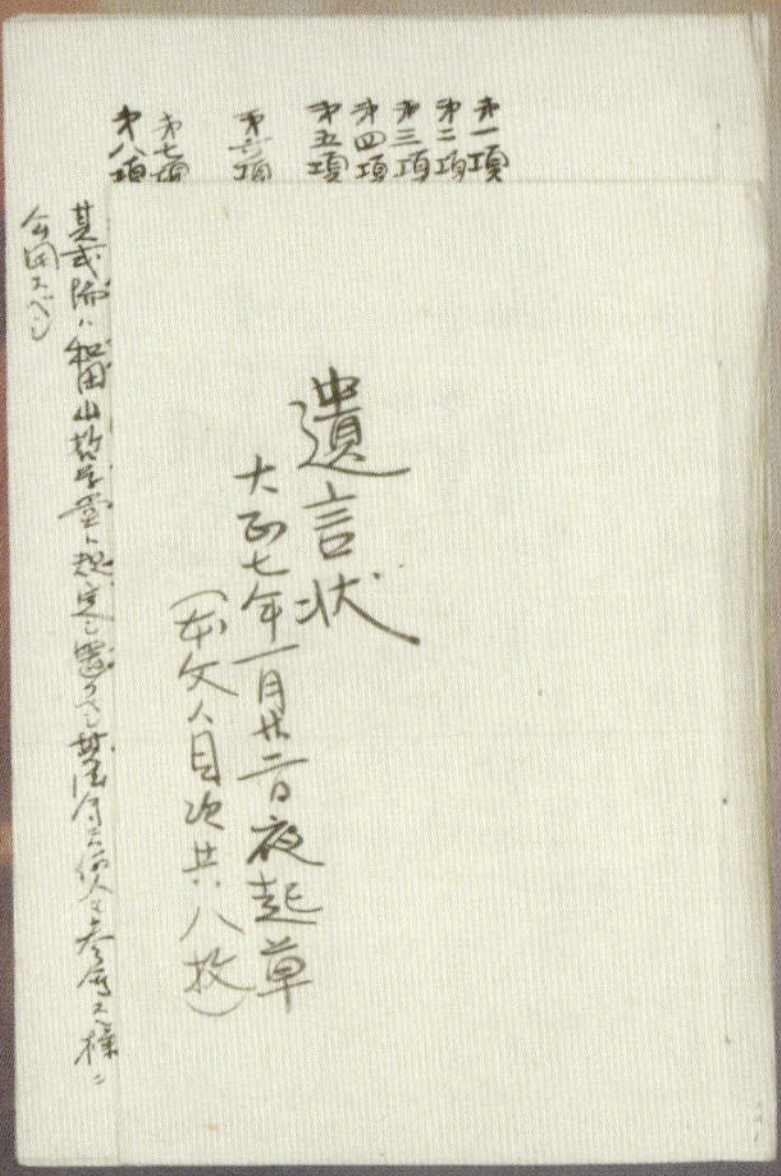

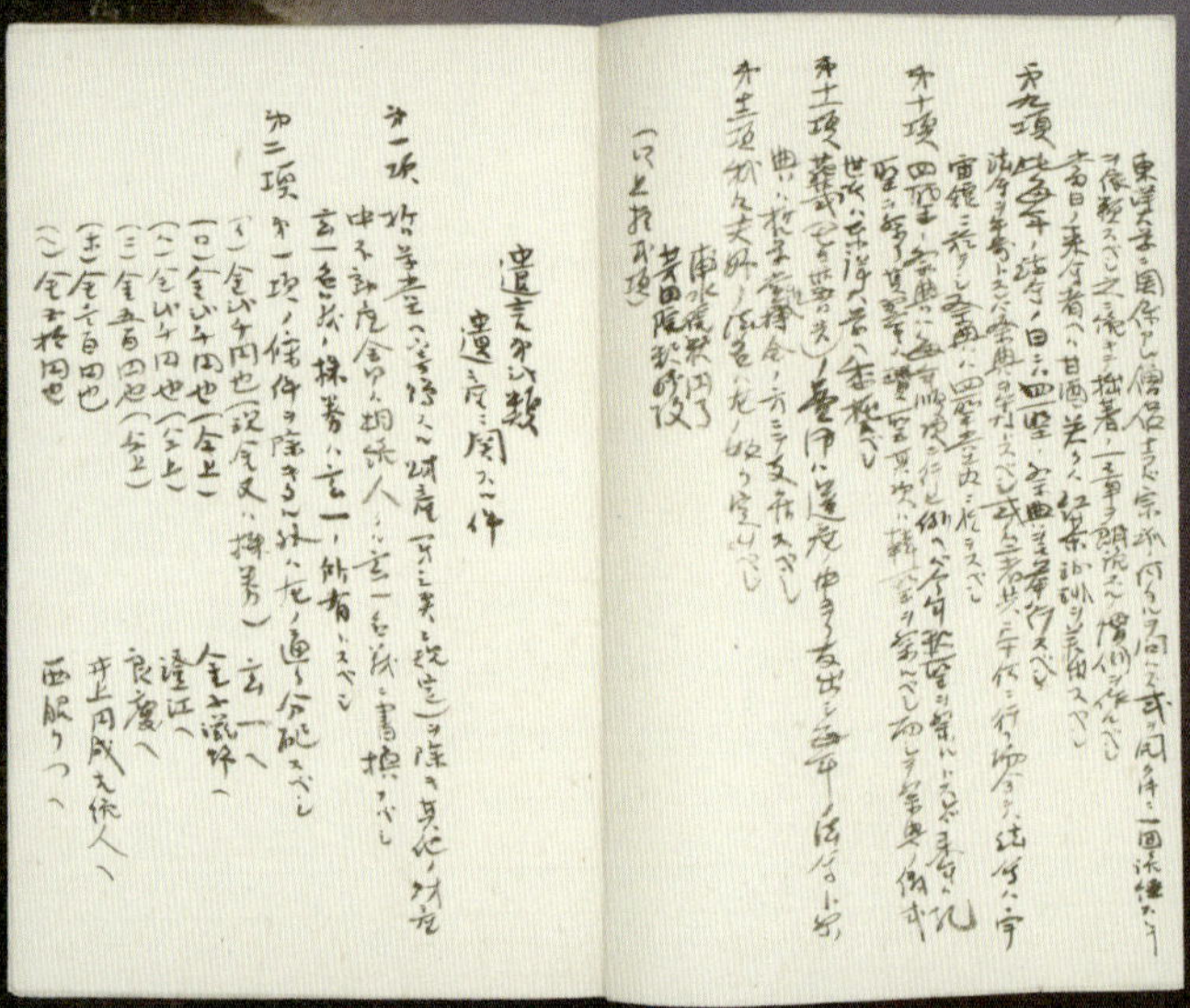

「遺言状　大正七年一月二十二日夜起草」と書かれた遺言状。八枚の紙片には葬儀や法会のこと、遺産のこと、そして哲学堂運営のことなどが細やかに記されている。（井上円了研究センター蔵）

大正八年（一九一九）六月六日、井上円了は満州国の大連（現在の中国遼寧省大連市）で客死した。

当時の大連は満州国の玄関口として、また貿易の拠点として大いに栄えた大都市で、町には日本の銀行や病院、ホテル、あるいは大寺院の別院といった建物がひしめき、多くの日本人が居住していたという。

そうした本土から離れて暮らす邦人のために、円了は朝鮮や中国でも講演活動を行い、大正八年の五月五日からは上海、北京、天津と巡講してまわった。そして一ヵ月後の六月五日、大連の西本願寺附属幼稚園での講演中に、急性脳溢血で倒れてしまったのである。

そのときの円了は、意識朦朧としながらも会場に残した聴衆や翌日の講演をしきりと気にしていたといわれ、そのまま昏睡して翌六日の午前二時四十分、この世を去った。享年六十一。まだまだ活躍が期待できる年齢だった。

本願寺を通じて日本に訃報が知らされると、当時の新聞社は大々的に取り上げ、さらに『ニューヨーク・タイムズ』でも報じられるなど、ニュースは海外にも伝わった。

また、六月二十二日に東洋大学で校葬が挙行された際にも、「井上円了博士の告別式　降り注ぐ雨もそぞろにもの悲しさを誘われて　故博士の徳を慕いて集まる者無量三千余　さしもの広き東洋大学講堂も人に埋まる」（『毎日新聞』）、「井上博士の校葬　悲雨蕭々中　哲学堂畔に埋葬」（『読売新聞』）といった記事で、葬儀の様子を詳細に報じている。

多くの新聞社がその早すぎる死を悼む記事を掲載したことは、それだけ円了の死が社会的にショッキングだったといえるだろう。

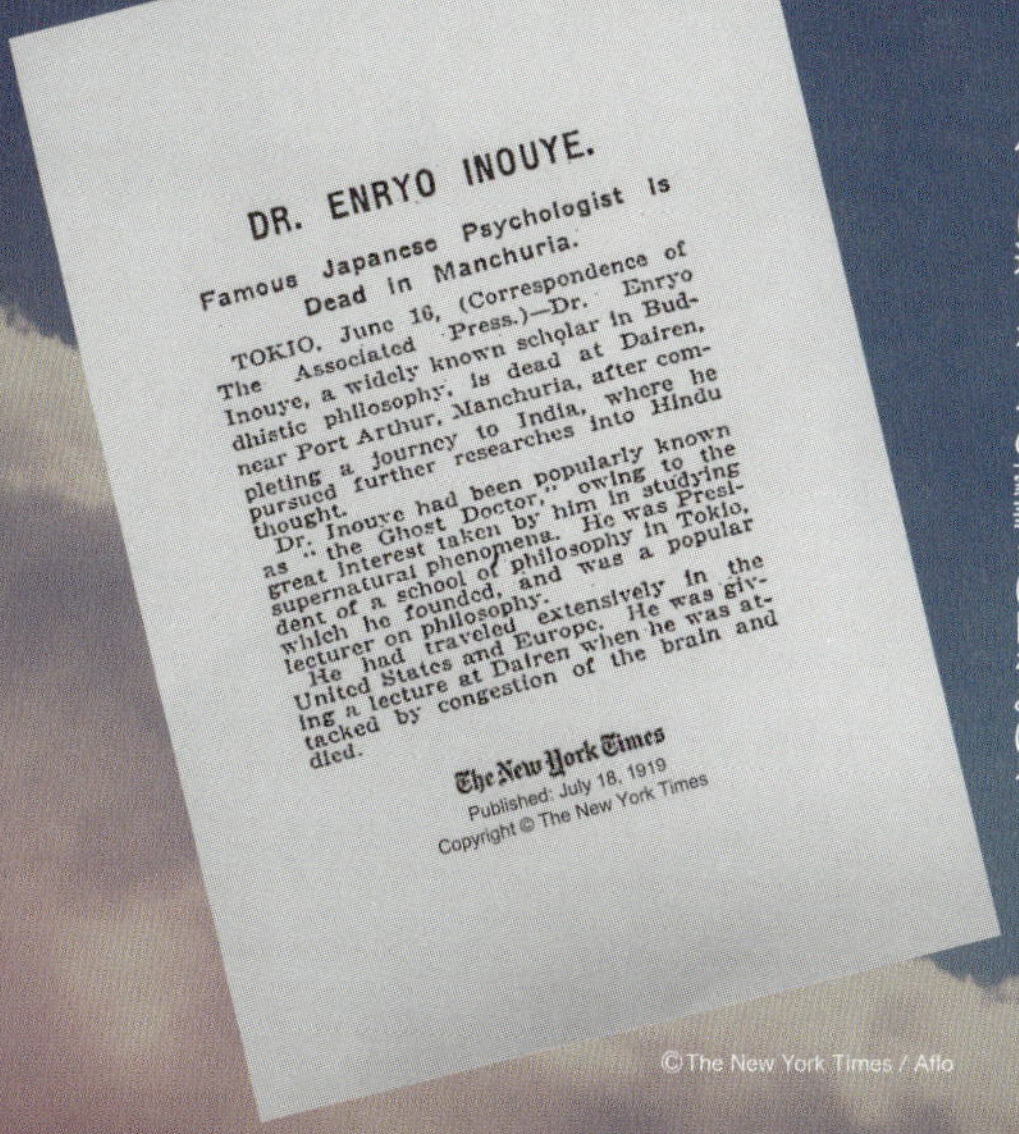

DR. ENRYO INOUYE.

Famous Japanese Psychologist Is Dead in Manchuria.

TOKIO, June 16, (Correspondence of The Associated Press.)—Dr. Enryo Inouye, a widely known scholar in Buddhistic philosophy, is dead at Dairen, near Port Arthur, Manchuria, after completing a journey to India, where he pursued further researches into Hindu thought.

Dr. Inouye had been popularly known as "the Ghost Doctor," owing to the great interest taken by him in studying supernatural phenomena. He was President of a school of philosophy in Tokio, which he founded, and was a popular lecturer on philosophy.

He had traveled extensively in the United States and Europe. He was giving a lecture at Dairen when he was attacked by congestion of the brain and died.

The New York Times
Published: July 18, 1919
Copyright © The New York Times

円了の訃報を伝える1919年7月18日付けの『ニューヨーク・タイムズ』。

ヤマトホテルは南満州鉄道株式会社が経営する高級ホテルで、円了の旅行鞄に大連ヤマトホテルの名を記したスーツケースステッカーのようなものが貼られていたことから、大連滞在時は同ホテルに宿泊する予定だったと推測されている。写真は昭和十五年（一九四〇）に絵葉書用として撮影された大連ヤマトホテルの外観。円了のいた時代とは違うが、その豪華さに目をみはる。

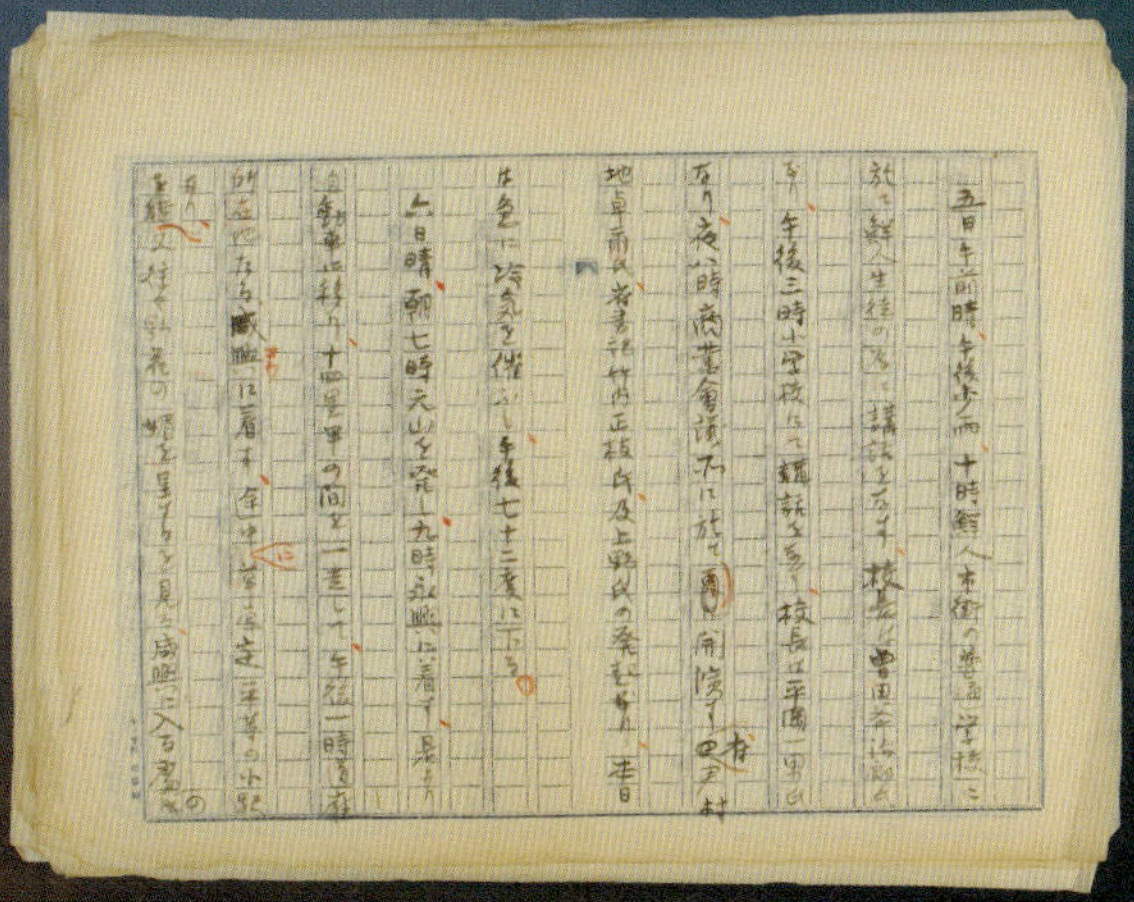

円了の遺稿となった『南船北馬集』第十六編の原稿。『南船北馬集』は巡講の際の出来事や訪れた土地の特徴などを記録した日誌であり、第十六編は未完となった。（井上円了研究センター蔵）

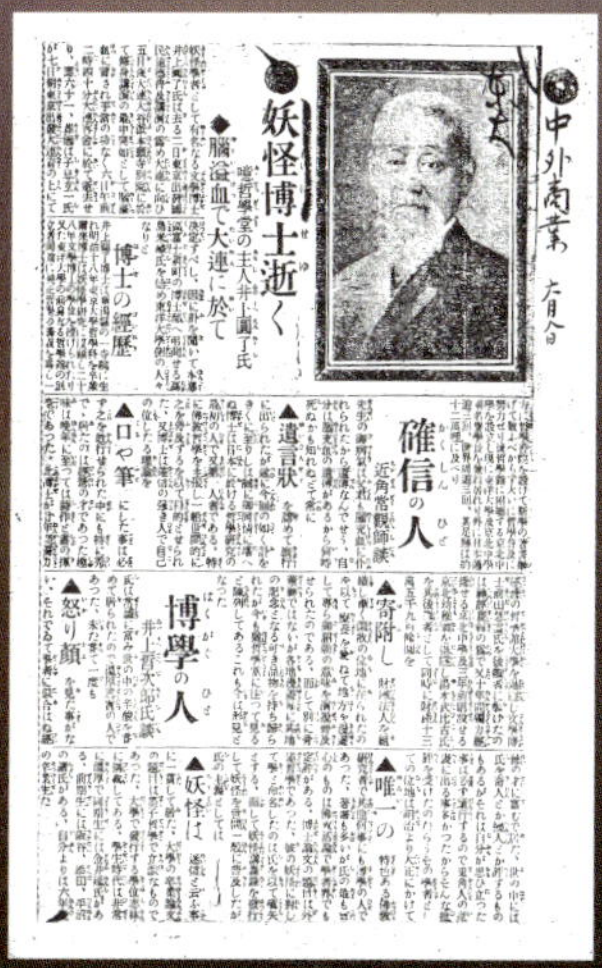

妖怪博士逝く

確信の人

博學の人

井上圓了博士客死

大連の客舎で突然脳溢血

『甫水先生哀輓録』に収められていた、当時の新聞の記事。『甫水先生哀輓録』は円了が亡くなったことを報じる新聞記事を切り抜いて集めた、いわゆるスクラップブックになっている。（東洋大学附属図書館蔵）

円了自身も、遠く離れた満州国で倒れるとは思っていなかっただろうが、六月七日発行の『東京日日新聞』には、円了の後を引き継いで東洋大学学長となった前田慧雲の談話があり、そこには【氏（※円了）は脳溢血の遺伝があつてつまりこれで倒れると云つてゐたそれで一時酒も煙草も止めてゐた】とあるので、脳溢血のことはある程度予測していたものと考えられる。

また、亡くなる前日には、大連で出迎えた教え子に、「年五十を過ぎて運命に順応することにした」とも語っていた。

それらが関係しているのかどうかは不明だが、円了は亡くなる前年の大正七年（一九一八）に、遺書をしたためていた。

一月二十二日の日付が入った遺書には、葬式や法会、遺産、哲学堂の今後について記されており、とくに哲学堂に関する部分では、土地、建物を含めた一切は井上家の所有とはせず、国へ寄付するか、財団法人を設けて運営することを求めている。

支援者からの寄付金で造られた哲学堂を井上家の所有物とすることは、円了の信念に反することであり、子孫にもその立場を貫き通してほしいと願ったわけである。

そうして円了亡き後の井上家は、遺言通りに財団法人哲学堂を設立して運営し、昭和十九年（一九四四）には東京都に寄付をするに至った。

急病に倒れても聴衆のことを気にかけ、自分がこの世を去った後のことまで抜かりなく目配せをしていた円了——。

その眼差しは常に一般大衆へと向けられ、死の間際まで教育者であり続けたのである。

「年五十を過ぎて運命に順応

国家を護する、真理を愛するということ——井上円了、その人

本書に登場する、井上円了の研究者、ゆかりの方々に、「井上円了とはどういう人ですか」と尋ねると、一様に「こういう人、とは一言で言い表せない、多面的な人」といった答えが返ってくる。哲学の探究者、仏教改良の推進者、生涯教育の先駆者、マルチなジャーナリスト、稀代の妖怪ハンター……、さまざまな側面をみせながら、その多様な活動と発信した言葉の数々が、なお令和を生きる私たちにうったえるのは、「自分の頭で考えて、行動せよ」ということなのではないだろうか。

そのためには個々の真理の追究が必要であり、それはより良い国家の希求に結びつくのではないか。「護国愛理」という、円了が生涯にわたって持ち続けた原則を、没後百年経った今思い起こすと、円了がのこした仕事の数々が、今日性と未来性を強烈に秘めていることに気づく。

「井上円了って誰ですか」という出発点から、本書により、少しだけその足跡に触れていただき、井上円了とご自身との関わりに思いを馳せていただけたら幸いです。

編集部

◉ライター
村上健司
門賀美央子

◉写真
金　栄珠
米沢　耕
水野昭子
村田克己（講談社写真部）

◉デザイン
坂野公一（welle design）

◉企画協力
学校法人東洋大学

◉協力（順不同、敬称略）
株式会社アフロ
株式会社キングプロダクション
久須美酒造株式会社
株式会社さくら工芸社
慈光寺
株式会社ティーケーピー
東京大学哲学研究室
長岡高校記念資料館
長崎大学附属図書館
中野区立哲学堂公園
中野区立歴史民俗資料館
新潟県立長岡高等学校
日本体育施設グループ
株式会社水木プロダクション
湯本豪一記念日本妖怪博物館（三次もののけミュージアム）
株式会社ラクーンエージェンシー
麟祥院
蓮華寺

◉編集
井上威朗（株式会社講談社）
内山幸三（株式会社講談社コミッククリエイト）

本書中、特記以外の図版資料は、東洋大学井上円了研究センター蔵。記事中の所属・役職等は取材当時のものです。